Sozialökonomische Schriften zur Ruralen Entwicklung
Socioeconomic Studies on Rural Development
Band/vol. 102

Herausgeber/Editor: Prof. Dr. Dr. Dr. h.c. Frithjof Kuhnen
Schriftleiter/Executive Editor: Dr. Ernst-Günther Jentzsch
Büsgenweg 2, D-3400 Göttingen
Tel. 0551 / 39 39 02

Arbeit aus dem Institut für Rurale Entwicklung
Georg-August-Universität Göttingen

Magda Mohammed Ghonem

Weizenversorgung und Ernährungssicherung in Ägypten

Strukturen, Implikationen und Möglichkeiten

Gefördert von der Friedricht-Ebert-Stiftung

Die Deutsche Bibliothek — CIP-Einheitsaufnahme

Ghonem, Magda Mohammed:
Weizenversorgung und Ernährungssicherung in Ägypten :
Strukturen, Implikationen und Möglichkeiten / Magda
Mohammed Ghonem. — Aachen : Alano-Verl., Ed. Herodot, 1993
  (Sozialökonomische Schriften zur ruralen Entwicklung ; Bd. 102
  Zugl.: Göttingen, Univ., Diss., 1992
  ISBN 3-89399-184-0
NE: GT

D 7

© 1993 by Alano Verlag/edition herodot
Kongreßstr. 5, D-5100 Aachen
Druck: Kinzel, Göttingen
Alle Rechte vorbehalten

1. Auflage
ISBN 3-89399-184-0
ISSN 0175-2464

Geographisches Institut
der Universität Kiel

Abstract

Mohammed Ghonem, Magda

Weizenversorgung und Ernährungssicherung in Ägypten

- Strukturen, Implikationen und Möglichkeiten -

The development of food production in Egypt cannot keep pace with the development of food consumption. The widening food gaps are filled by imports. Considering the fact that there is a simultaneous decrease in agricultural exports and the already prevailing economic problems, food supply is insecure.

The supply of wheat, which represents the basis of the food system, is particularly critical. The degree of self-supply with wheat has shown a tendency to decline within the last three decades and reached a very low level at the beginning of the 90s. The drastic increase in wheat imports constitutes a considerable burden for Egypt's economy and exposes the country to the danger of political dependence. In the present study, following an analysis of the interrelations between these problems, three possibilities of increasing wheat production are examined:

1. Local redistribution of the areas under wheat cultivation. Wheat cultivation should be expanded wherever relative advantages determined by the locality prevail or it should be limited wherever relative disadvantages prevail, as the case may be.

2. Utilization of the existing reserves in output per unit of area which are substantiated by significant differences between output per unit of area for farms and for model fields.

3. Expansion of wheat cultivation by limiting the cultivation of other crops. The results of an optimization model showed that a change in the cropping system in favour of wheat cultivation is judicious under the economic aspect.

The prospects of realizing an increase in wheat production depends on the consideration of multiple economic, ecological, and sociocultural factors.

Vorwort

Mein besonderer Dank gilt Herrn Prof. Dr. Dr. Dr.h.c. F. Kuhnen für die engagierte Betreuung meiner Arbeit. Herrn Prof. Dr. W. Manig verdanke ich viele wertvollen Anregungen und Diskussionen, die zum Gelingen der Arbeit beigetragen haben.

Danken möchte ich auch Herrn Prof. Dr. H. de Haen, der die Arbeit bis zum Zeitpunkt seiner Beurlaubung betreut hat.

Für die Finanzierung der Arbeit möchte ich an dieser Stelle der Friedrich-Ebert-Stiftung meine aufrichtige Dankbarkeit ausdrücken.

Besondere Erwähnung verdient meine Familie, allen voran mein Mann, für die vielen Entbehrungen, die sie auf sich nehmen mußte, damit diese Arbeit entstehen konnte.

Nicht zuletzt möchte ich ganz herzlich allen Freunden danken, die mich in den schwierigen Phasen der Arbeit in selbstloser Weise moralisch und tatkräftig unterstützt haben.

Göttingen, den 15.2. 1993　　　　　　　　　　Magda Ghonem

Inhaltsverzeichnis

	Seite
Abstract	1
Vorwort	3
Inhaltsverzeichnis	5
Abbildungsverzeichnis	9
Tabellenverzeichnis	12
Abkürzungsverzeichnis	14
Verwendete ägyptische Einheiten	15
Verzeichnis der Tabellen im Anhang	16

		Seite
1	Einleitung	18
1.1	Thematik und Zielsetzung	18
1.2	Vorgehensweise und Methodik	19
2	Theoretische Diskussion	21
2.1	Terminologie der Ernährungsfrage	21
2.1.1	Ernährungsproblem	21
2.1.2	Ernährungsstrategie	24
2.1.3	Nahrungssicherung	25
2.1.4	Nahrungspolitik	26
2.2	Alternativen der Nahrungspolitik	27
2.2.1	Steigerung der eigenen Nahrungsproduktion	27
2.2.1.1	Einführung produktivitätssteigernder Innovationen	27
2.2.1.2	Einschränkung anderer Produktionsrichtungen	30
2.2.2	Nahrungsmittelimporte	34
2.2.2.1	Kommerzielle Nahrungsimporte	34
2.2.2.2	Nahrungsmittelhilfe	35
2.2.3	Schlußfolgerung und Stellungnahme	37

3   Die Landwirtschaft Ägyptens
    Bedeutung - Gestaltung - Problem ... 40
    3.1   Die Bedeutung des landwirtschaftlichen Sektors für die ägyptische
          Volkswirtschaft ... 40
    3.2   Gestaltung der landwirtschaftlichen Produktion ... 43
          3.2.1   Staatliche Lenkung der landwirtschaftlichen Produktion ... 43
          3.2.2   Pflanzliche Produktion ... 44
          3.2.3   Tierproduktion ... 46
    3.3   Probleme der Landwirtschaft ... 48
          3.3.1   Relative Knappheit der Nutzfläche ... 48
          3.3.2   Verschlechterung der Bodenqualität ... 49
          3.3.3   Ineffiziente Betriebsgrößenstruktur ... 50
          3.3.4   Agrar- und preispolitische Probleme ... 51
          3.3.5   Auswirkungen wirtschaftlichen und sozialen Wandels ... 52

4. Nahrungssicherung in Ägypten ... 56
    4.1   Ernährungslage ... 56
    4.2   Nahrungsproduktion ... 59
    4.3   Nahrungsverbrauch ... 60
    4.4   Die Nahrungslücke ... 62
    4.5   Nahrungsimporte ... 63
    4.6   Beurteilung der Nahrungssicherung in Ägypten ... 64
          4.6.1   Der Selbstversorgungsgrad an Nahrung ... 65
          4.6.2   Finanzierungsfähigkeit der Nahrungsimporte ... 66

5. Die Weizenversorgung in Ägypten: Analyse und Entwicklungstendenzen ... 69
    5.1   Die Weizenproduktion ... 69
          5.1.1   Anbau- und Ablieferungsvorschriften ... 69
          5.1.2   Die Ökonomik der Weizenproduktion ... 70
                  5.1.2.1   Die betriebswirtschaftliche Rentabilität ... 70
                  5.1.2.2   Die Preisrelationen zwischen Weizen und
                            konkurrierenden Agrarprodukten ... 75
                  5.1.2.3   Protektion der Weizenproduktion ... 77
          5.1.3   Die Entwicklung der Weizenproduktion ... 79
    5.2   Der Weizenverbrauch ... 84
          5.2.1   Die Bedeutung des Weizens für die Ernährung ... 84

5.2.2	Das Beschaffungs- und Vermarktungssystem von Weizen	84
5.2.3	Verbraucherpreise für Weizen: Gestaltung - Entwicklung - Problematik	86
5.2.4	Die Entwicklung des Weizenverbrauchs	89

91
5.3 Weizenlücke und Weizenimporte 91
   5.3.1 Entwicklung der Weizenlücke 91
   5.3.2 Die Entwicklung der Weizenimporte 93
   5.3.3 Die Probleme der Weizenimporte 97
      5.3.3.1 Die wirtschaftliche Belastung 97
      5.3.3.2 Die wirtschaftspolitische Abhängigkeit 99

6. Möglichkeiten zur Steigerung der Weizenproduktion 104
  6.1 Steigerung der Weizenproduktion ohne Erweiterung der Anbaufläche 104
    6.1.1 Die lokale Umverteilung der Weizenflächen 105
      6.1.1.1 Die gegenwärtige Verteilung der Weizenproduktion 106
      6.1.1.2 Aussichten der Flächenumverteilung 108
      6.1.1.3 Implikationen und Realisierungschancen einer Umverteilung der Weizenanbauflächen 113
    6.1.2 Ausnutzung der Produktivitätsreserven auf den bestehenden Weizenflächen 115
      6.1.2.1 Die unausgenutzten Produktivitätsreserven 115
      6.1.2.2 Mögliche Produktionssteigerung durch die Ausnutzung der Produktivitätsreserven 119
      6.1.2.3 Ansatzpunkte und Realisierungschancen einer flächendeckenden Steigerung der Flächenproduktivität von Weizen 120
    6.1.3 Die lokale Umverteilung der Weizenflächen unter Berücksichtigung der Produktivitätsreserven 122
  6.2 Steigerung der Weizenproduktion durch Erweiterung der Anbaufläche - ein lineares Optimierungsmodell 127
    6.2.1 Aufbau des linearen Optimierungsmodells 128
    6.2.2 Ergebnisse des Optimierungsmodells 136
    6.2.3 Interpretation der Modellergebnisse 137

6.2.4 Auswirkungen der Variationen der Weizenanbaufläche auf
die sektorale Einkommensgröße 138
6.2.5 Mögliche Erweiterung der Weizenfläche im Rahmen der
Modellergebnisse 139
6.2.6 Implikationen und Realisierungschancen einer Erweiterung
der Weizenanbauflächen auf Kosten anderer Kulturen 141

7. Zusammenfassung 146

Literaturverzeichnis 152

Abbildungsverzeichnis

Abbildung 1	Einkommensabhängigkeit des Nahrungsverbrauchs	22
Abbildung 2	Auswirkung des Einkommens auf die Zusammensetzung der Nahrung	23
Abbildung 3	Auswirkung der Einführung von Innovationen auf die Produktion	27
Abbildung 4	Entwicklung des Anteils der ländlichen Bevölkerung im Vergleich zur Gesamtbevölkerung	39
Abbildung 5	Entwicklung des Anteils der Erwerbspersonen in der Landwirtschaft im Vergleich zur gesamten Anzahl der Erwerbspersonen	40
Abbildung 6	Entwicklung des Anteils des landwirtschaftlichen Sektors am Bruttoinlandsprodukt zu Faktorkosten	41
Abbildung 7	Entwicklung des Anteils der Agrarexporte an den Gesamtexporten	42
Abbildung 8	Die Anbaustruktur der ägyptischen Landwirtschaft (Anteile der Fruchtarten in v.H.)	44
Abbildung 9	Der durchschnittliche Tageslohn in der Landwirtschaft und im Bausektor von 1966 - 1977 in Piaster	53
Abbildung 10	Nahrungsaufnahme pro Kopf und Tag	56
Abbildung 11	Die mengenmäßige Zusammensetzung des Nahrungsverbrauchs in Ägypten in v.H.	57
Abbildung 12	Die Anteile der pflanzlichen und tierischen Produkte an der Nährstoffzufuhr in Ägypten	57
Abbildung 13	Entwicklung der Nahrungsproduktion in GE	59
Abbildung 14	Entwicklung des Nahrungsverbrauchs in GE	60
Abbildung 15	Entwicklung der Nahrungslücke in GE	62
Abbildung 16	Entwicklung der Nahrungsimporte	63

Abbildung 17	Entwicklung der Handelsbilanz	65
Abbildung 18	Entwicklung von Nahrungsimporten und Agrarexporten	66
Abbildung 19	Entwicklung von Nahrungsimporten und gesamten Güterexporten	67
Abbildung 20	Entwicklung der Preis-Kosten-Relation pro Ardab von Weizen	72
Abbildung 21	Entwicklung der Preise von Weizen pro Ardab und Weizenstroh pro Bushel in E£	73
Abbildung 22	Entwicklung des Deckungsbeitrages von Weizen mit und ohne Berücksichtigung der Nebenprodukte in E£	74
Abbildung 23	Entwicklung des Erzeuger- und Weltmarktpreises von Weizen in E£	76
Abbildung 24	Entwicklung der nominalen Protektionsrate von Weizen	77
Abbildung 25	Entwicklung der Flächenproduktivität von Weizen in t/Feddan	79
Abbildung 26	Entwicklung der Weizenanbaufläche in Feddan	80
Abbildung 27	Entwicklung der Weizenproduktion in t	81
Abbildung 28	Entwicklung der Indexzahlen von Flächenproduktivität, Fläche und Produktion von Weizen	82
Abbildung 29	Das Beschaffungs- und Vermarktungssystem von Weizen und Weizenmehl	84
Abbildung 30	Entwicklung von Verbraucher-, Erzeuger- und Weltmarktpreis in E£	86
Abbildung 31	Entwicklung des Weizenverbrauchs in t	88
Abbildung 32	Entwicklung der Weizenlücke in t	91
Abbildung 33	Entwicklung des Selbstversorgungsgrades von Weizen	92
Abbildung 34	Die wertmäßige Entwicklung der Weizenimporte in US$	93

Abbildung 35	Die Entwicklung von Weizenimporten u. Agrarexporten in US$	97
Abbildung 36	Entwicklung von Weizenimporten und Gesamtgüterexporten in US$	98
Abbildung 37	Entwicklung von Weizenhilfe und Weizenimporten in t	100
Abbildung 38	Produktivitätsvergleich von Feldern mit normalen Produktionsbedingungen und Beratungsfeldern	116
Abbildung 39	Mögliche Auswirkungen der Weizenfläche auf die sektorale Einkommensgröße	139

Tabellenverzeichnis

Tabelle 1	Energie- und Eiweißgehalt in Futter und Endprodukt bei verschiedenen Tierproduktionsverfahren	33
Tabelle 2	Tierbestand in Ägypten 1989.	47
Tabelle 3	Relativer Beitrag der verschiedenen Futtermittel zur Deckung des Gesamtbedarfs an Stärkeeinheiten und verdaulichem Eiweiß in der gesamten ägyptischen Tierproduktion	48
Tabelle 4	Entwicklung der Nutz- und Anbauflächen in Feddan pro Kopf der Bevölkerung	49
Tabelle 5	Betriebsgrößenstruktur der Landwirtschaft Ägyptens 1987	50
Tabelle 6	Entwicklung der Anbauflächen verschiedener Agrarprodukte Ägyptens (in Durchschnitten der jeweiligen Zeiträume)	52
Tabelle 7	Entwicklung des Selbstversorgungsgrades der verschiedenen Nahrungsprodukte in v.H.	65
Tabelle 8	Entwicklung der Preise und Produktionskosten pro Ardab von Weizen in E£	71
Tabelle 9	Entwicklung der Preisrelation zwischen Weizen und konkurrierenden Kulturpflanzen	76
Tabelle 10	Analyse der Beiträge von Mengen- und Preisveränderungen an der gesamten Veränderung des Wertes der Weizenimporte	96
Tabelle 11	Die Anteile der Governorate Ägyptens an Weizenfläche und Weizenproduktion im Jahre 1988	107
Tabelle 12	Die wichtigsten weizenproduzierenden Governorate und ihre relativen Anteile	108
Tabelle 13	Die Flächenproduktivität des Weizenanbaus in den Governoraten Ägyptens für 1988 in Ardab pro Feddan	109

Tabelle 14	Produktivitätsniveau und relative Flächenanteile des Weizenanbaus in den Governoraten Ägyptens	110
Tabelle 15	Mögliche Weizenflächenerweiterung in Feddan in Governoraten mit überdurchschnittlicher Flächenproduktivität	111
Tabelle 16	Mögliche Produktionssteigerung in Governoraten mit überdurchschnittlichen Flächenproduktivitäten von Weizen	112
Tabelle 17	Erzielte Produktivitätssteigerung der Beratungsfelder	118
Tabelle 18	Mögliche Produktionssteigerung durch Ausnutzung der Produktivitätsreserven bei Weizen	119
Tabelle 19	Vergleich der Produktivität der Governorate zur durchschnittlichen Produktivität Ägyptens	123
Tabelle 20	Grenzen der möglichen Weizenanbauflächenerweiterungen in Governoraten mit überdurchschnittlichen Produktivitäten unter Berücksichtigung der Ausnutzung von Produktivitätsreserven in Feddan	124
Tabelle 21	Grenzen der möglichen Produktionssteigerung durch Erweiterung der Anbaufläche in Governoraten mit überdurchschnittlicher Produktivität unter Berücksichtigung der Produktivitätsreserven	125
Tabelle 22	Grenzen der möglichen Produktionssteigerung durch Ausnutzung der Produktivitätsreserven und Erweiterung der Anbauflächen in Governoraten mit überdurchschnittlicher Produktivität	126
Tabelle 23	Mögliche Anbaukombinationen aus Sommer- und Winterkulturen	129
Tabelle 24	Berechnung der DB für die Hauptkulturen Ägyptens auf dem Weltmarkt	131
Tabelle 25	Die Anbauflächen der Produktkombinationen nach Ergebnissen des Optimierungsmodells	136
Tabelle 26	Anbauplanung und sektorale Einkommen bei Ist- und Optimierungssituation	140

Abkürzungsverzeichnis

Abb.	Abbildung
BIP	Bruttoinlandsprodukt
BSP	Bruttosozialprodukt
CAPMAS	Central Agency for Public Mobilization and Statistics, Kairo
DB	Deckungsbeitrag
E£	Ägyptisches Pfund
FAO	Food and Agriculture Organization of the United Nations, Rom
f.	folgende Seite
ff.	folgende Seiten
GE	Getreideeinheiten
GTZ	Gesellschaft für Technische Zusammenarbeit, Eschborn
Hrsg.	Herausgeber
IFPRI	International Food Policy Research Institute, Washington, D.C.
Mio.	Millionen
Mrd.	Milliarden
NKPW	Nationales Kommitee für Produktion und Wirtschaft, Kairo
NMH	Nahrungsmittelhilfe
NPR	Nettoprotektionsrate
NSK	Nationales Sachverständigen Kommitee, Kairo
PKR	Preis-Kosten-Relation
resp.	respektive

SVG	Selbstversorgungsgrad
Tsd.	Tausend
versch.	verschiedene
v.H.	von Hundert

Verwendete ägyptische Einheiten

Feddan	1,038 ha
Ardab	198 Liter
	150 kg Weizen
E£	100 Piasters

Verzeichnis der Tabellen im Anhang

Tabelle 1:	Bevölkerungsentwicklung von 1907-1989	166
Tabelle 2:	Anzahl der Erwerbspersonen von 1960-1989	167
Tabelle 3:	BIP zu Faktorkosten von 1960-1989	168
Tabelle 4:	Entwicklung der Gesamtex- und -importe und der Agrarex- und -importe in Ägypten von 1961-1988	169
Tabelle 5:	Entwicklung der Nutz- und Anbauflächen in Relation zur Bevölkerung in Ägypten von 1907-1988	170
Tabelle 6:	Entwicklung des Weizenpreises und der nominalen Protektionsrate von 1952-1989	171
Tabelle 7:	Entwicklung des Strohpreises und der Stroh-/Weizenpreisrelation von 1955-1988	172
Tabelle 8:	Entwicklung des Deckungsbeitrags von Weizen von 1955-1989	173
Tabelle 9:	Entwicklung der Preisrelation zwischen Weizen und konkurrierenden Agrarprodukten von 1955-1989	174
Tabelle 10:	Entwicklung der Weizenproduktivität von 1952-1989	175
Tabelle 11:	Entwicklung der Weizenproduktion von 1952-1989	176
Tabelle 12:	Entwicklung der Indexzahlen für Weizen-flächen, -produktivität und -produktion von 1952-1989	177
Tabelle 13:	Entwicklung der Verbraucherpreise im Vergleich mit Erzeuger- und Importpreisen von 1952-1988	178
Tabelle 14:	Entwicklung des Weizenverbrauchs von 1952-1989	179
Tabelle 15:	Mengenmäßige Entwicklung der Weizenlücke und des Weizen-SVG von 1952-1989	180
Tabelle 16:	Wertmäßige Entwicklung der Weizenimporte von 1952-1988	181
Tabelle 17:	Anteil der Weizenimporte an den Agrarexporten von 1973-1988	182

Tabelle 18:	Verhältnis der Weizenimporte zu Güterexporten von 1970-1988	183
Tabelle 19:	Entwicklung der Handelsbilanz von 1970-1989	184
Tabelle 20:	Anteil der Weizenhilfe an Ägypten im Vergleich zur gesamten Weltweizenhilfe von 1970-1989	185
Tabelle 21:	Preis/Kostenrelation pro Ardab für Weizen von 1955-1989	186
Tabelle 22:	Entwicklung der Weizenfläche von 1952-1989	187
Tabelle 23:	Entwicklung der Nahrungsproduktion in GE von 1970-1987	188
Tabelle 24:	Entwicklung des Nahrungsverbrauchs in GE von 1970-1987	190
Tabelle 25:	Entwicklung der Nahrungslücke in GE von 1970-1987	192
Tabelle 26:	Aufbau des Programmierungsmodells	193
Tabelle 27:	Ergebnisse des Programmierungsmodells	194
Tabelle 28:	Modellergebnisse bei Variation der Weizenanbaufläche	195

1 Einleitung

1.1 Thematik und Zielsetzung

Brot wird in Ägypten "Aisch" genannt, was in der arabischen Sprache soviel wie Leben bedeutet. Damit wird deutlich, welchen Stellenwert es für die Ernährung in Ägypten hat. Brot dient nicht nur als Hauptenergie-, sondern auch als wichtige Eiweißquelle für die breite Bevölkerung.

Hergestellt wird Brot in Ägypten zum größten Teil - in städtischen Gebieten ausschließlich - aus Weizenmehl. Allerdings stammt nur ein geringer Teil aus heimischer Produktion; der inländische Bedarf an Weizen wird heute überwiegend aus Importen gedeckt.

Ägypten ist seit dem 2. Weltkrieg Nettoweizenimporteur. Während die Weizenimportquote bis 1973 relativ niedrig blieb, führte danach eine stark divergierende Entwicklung von Weizenproduktion und -verbrauch zu einem extremen Anstieg der Einfuhr. Obwohl Ägypten einen relativ hohen Anteil der Weizenimporte zu günstigen Zahlungsbedingungen im Rahmen der Nahrungsmittelhilfe erhält, stellen diese dennoch eine gravierende wirtschaftliche Belastung dar: Konnten 1973 noch 25 v.H. der Agrarexporte (hauptsächlich Baumwolle und Reis) die Weizenimporte wertmäßig finanzieren, so überstiegen 1978 die Ausgaben für die Weizenimporte die gesamten Einnahmen aus den Agrarexporten. Aus dem ehemals positiven Agraraußenhandelssaldo, der wesentlich zur Finanzierung der Entwicklungspläne beigetragen hatte, entwickelte sich ein negativer Saldo, der tendenziell stieg.

Die Weizenimporte verschärften bereits bestehende volkswirtschaftliche Probleme, vor allem Defizite der Handelsbilanz und die Auslandsverschuldung nahmen deutlich zu.

Parallel zum Rückgang des Selbstversorgungsgrades bei Weizen - von 77,4 v.H. in den 50er Jahren auf 25,1 v.H. in den 80er Jahren - sank auch die Selbstversorgung im Hinblick auf beinahe alle anderen Nahrungsgüter. Sowohl die Weizen- als auch die Nahrungslücke erweiterte sich von Jahr zu Jahr, was die Ernährungssicherung in Ägypten bis zum heutigen Tag sehr in Frage stellt.

Vor dem Hintergrund dieser Überlegungen ist das Ziel der vorliegenden Arbeit, die Weizenversorgung unter dem Aspekt "Ernährungssicherung" zu untersuchen und Möglichkeiten aufzuzeigen, über eine Steigerung der Eigenproduktion sowohl die Versorgungsbasis zu verbessern als auch die Importbelastung Ägyptens zu verringern.

1.2 Vorgehensweise und Methodik

Da die Weizenproblematik unter dem Blickwinkel forcierter Bemühungen um Ernährungssicherung behandelt wird, beschäftigt sich der theoretische Teil (Kapitel 2) dieser Arbeit mit der Thematik der Ernährungsfrage. Definitionen der verwendeten Terminologie sollen der Eingrenzung der behandelten Aspekte dienen. Eine Diskussion alternativer Nahrungspolitiken und ihrer Instrumente und ihre Auswirkung auf die Ernährungssicherung ist nicht nur zur Beurteilung der Lage in Ägypten notwendig, vielmehr bildet diese Diskussion Grundlage für die Kriterien, nach denen die aufgezeigten Ansatzpunkte zur Erhöhung der Selbstversorgung evaluiert werden sollen.

Die Nahrungslücke in Ägypten ist das Ergebnis einer breiten Divergenz zwischen Nahrungsproduktion und dem primär durch das anhaltende Bevölkerungswachstum von (ca.) 2,5 v.H. per anno bedingten gestiegenen Verbrauch; die Gründe für dieses Mißverhältnis sind - auf der Angebotsseite - in der Struktur sowie in den Problemen des landwirtschaftlichen Sektors zu suchen, womit sich Kapitel 3 befaßt, das zudem den Rahmen zur Untersuchung von produktionssteigernden Maßnahmen darstellt.

Im Kapitel 4 wird versucht, die Sicherheit der Nahrungsversorgung in Ägypten zu prüfen. Nach einer Beschreibung der Ernährungslage wird eine Analyse der Entwicklung von aggregierter Produktion und Verbrauch der wichtigsten Nahrungsgüter durchgeführt, wobei Getreideeinheiten als Berechnungsbasis dienen. Die Nahrungssicherung wird anhand von zwei Kriterien beurteilt:

a) dem Selbstversorgungsgrad der wichtigsten Nahrungsgüter
b) und der Fähigkeit Ägyptens, durch Exporteinnahmen die Nahrungsimporte zu finanzieren.

Der Weizenproblematik, dem Hauptschwerpunkt der Arbeit, ist Kapitel 5 gewidmet. Die Untersuchung gliedert sich in drei Teile: Produktion, Verbrauch und Importe.

Die Behandlung der Weizenproduktion umfaßt die Faktoren, die den Umfang des Weizenanbaus bestimmen. Hier werden die staatlichen Anbauvorschriften und die ökonomischen Bedingungen als die entscheidenden Kriterien angesehen. Anschließend wird die Entwicklung von Weizenproduktion anhand der Entwicklung von Produktivität und Anbaufläche analysiert.

Nach einer Erläuterung der Bedeutung von Weizen für die Ernährung sowie einer Darstellung des Beschaffungs- und Vermarktungssystems für Weizen und Weizenmehl wird im nächsten Schritt der Weizenverbrauch untersucht. Dabei wird versucht, die überproportionale Steigerung des Pro-Kopf-Verbrauchs zu ergründen.

Schließlich werden die Weizenimporte, die zur Schließung der entstandenen Lücke zwischen Produktion und Verbrauch von Weizen verwendet werden, thematisiert. Die wertmäßige Entwicklung der Importe wird im Zeitablauf analysiert, um die

Einflüsse der Veränderung von Mengen und Preis zu quantifizieren. Abschließend werden die Weizenimporte im Hinblick auf die beiden Kriterien "wirtschaftliche Belastung" sowie "wirtschaftspolitische Abhängigkeit" geprüft.

Kapitel 6 beschäftigt sich mit den Möglichkeiten, die Weizenproduktion zu steigern. Zunächst werden Möglichkeiten zur Produktionssteigerung ohne Erweiterung der gesamten Weizenfläche untersucht. Ausgehend von der Annahme, daß nicht ausgenutzte Produktivitätsreserven bestehen, werden zwei Varianten untersucht, die sich gegenseitig ergänzen:

a) lokale Umverteilung der Weizenanbauflächen in Form von Einschränkung der Anbauflächen weniger geeigneter Standorte zugunsten einer Erweiterung der Flächen besser geeigneter Standorte;
b) Erhöhung der Produktivität der bestehenden Weizenflächen.

Produktionsreserven sollen mithin identifiziert und Möglichkeiten ihrer Ausnutzung aufgezeigt werden.

Anschließend werden Möglichkeiten zur Erweiterung der Weizenflächen untersucht. Eine solche Erweiterung ist zwangsläufig mit einer Einschränkung der Flächen einer oder mehrerer der mit Weizen konkurrierenden Agrarprodukte verbunden.

Anhand eines linearen Programmierungsmodells wird zunächst der Umfang der Weizenfläche ermittelt, die im Falle einer Optimierung der sektoralen Einkommensgröße der Landwirtschaft angebaut werden soll. Eine Sensitivitätsanalyse soll die volkswirtschaftlichen Auswirkungen quantifizieren, die eine Variation der Anbauflächen implizieren würde.

Im Anschluß an die Untersuchung der aufgezeigten Möglichkeiten zur Steigerung der Weizenproduktion werden ihre jeweiligen Implikationen und Realisierungschancen diskutiert, wobei neben ökonomischen auch ernährungspolitische und sozio-kulturelle Aspekte berücksichtigt werden.

2 Theoretische Diskussion

2.1 Terminologie der Ernährungsfrage

Im Anschluß an die Welternährungskrise 1972-1975 entwickelte sich eine intensive internationale Diskussion, die Ursachen, Erscheinungsformen und Lösungsmöglichkeiten des globalen Ernährungsproblems thematisierte.

Im Laufe dieser Diskussion und der damit im Zusammenhang stehenden Forschungsarbeiten trat die Komplexität des Ernährungsproblems immer deutlicher hervor. Wurde es bislang verschiedenen Forschungsgebieten zugeordnet und dort quasi isoliert behandelt, so kristallisierte sich im Laufe der Zeit ein selbständiges, umfangreiches Forschungsgebiet heraus. Notwendigerweise hat sich parallel dazu eine fachspezifische Terminologie entwickelt. Die Modernität des Forschungsgebietes sowie die komplizierte Natur des Forschungsgegenstandes bedingen indes, daß für die verwendeten Begriffe noch keine allgemeingültigen Definitionen und Begriffsauffassungen existieren. Erschwerend kommt die Inkongruenz der Fachterminologie in den verschiedenen Sprachen hinzu.

In der folgenden Diskussion wird deshalb ein Schwerpunkt darauf gelegt, die behandelten Teilbereiche der Ernährungsproblematik terminologisch scharf einzugrenzen. Auf eine umfassende Auflistung der in der Literatur vorkommenden Definitionen wird bewußt zugunsten einer Reflexion der für den Rahmen dieser Arbeit relevanten Begriffsbestimmungen verzichtet.

2.1.1 Ernährungsproblem

Im Zentrum des Ernährungsproblems steht die Divergenz von Nahrungsaufnahme und Nahrungsbedarf. Als deren unmittelbare Konsequenz stellt sich eine Fehlernährung der betroffenen Personengruppen ein. Die FAO definiert "Fehlernährung" (malnutrition) als "... a pathological state, general or specific, resulting from a relative or absolute deficiency or an excess in the diet of one or more essential nutrients. It may be clinically manifest or detectable only by biochemical and physiological tests." (FAO 1974:70).

Abgesehen von der "Überernährung" der reicheren Bevölkerungsgruppen, die eine Minderheit darstellen, sind Unter- und Mangelernährung die typischen Erscheinungsformen des Ernährungsproblems in den Entwicklungsländern (Blanckenburg 1986:84). Unterernährung (undernutrition) wird hier auch im Sinne der von der FAO konzipierten Definition verwendet. Danach versteht man unter Unterernährung "... a pathological state arising from an inadequate intake of amounts of food, and hence of energy, over a considerable period of time, with reduced bodyweight as its principal manifestation." (FAO 1974:72).

Während sich Unterernährung auf die gesamte in Energieeinheiten (Kalorien bzw. Joule) ausgedrückte Nahrungsquantität bezieht, thematisiert der Begriff Mangelernährung (malnutrition) in erster Linie die Nahrungsqualität. Mit Mangelernährung ist hier "... ein krankhafter Zustand, der aus unzureichender Aufnahme eines oder mehrerer Nährstoffe entsteht" (Blanckenburg 1983:17) gemeint.

Beide Erscheinungsformen des Ernährungsproblems schließen sich gegenseitig nicht aus, treten jedoch nicht unbedingt gleichzeitig auf. Unterernährung ist fast immer von Mangelernährung begleitet, da die ständige Unterversorgung des menschlichen Körpers mit Nahrung zwangsläufig zu einem Mangel eines oder mehrerer Nährstoffe führt. Im Gegensatz zur Unterernährung kann Mangelernährung auch bei Menschen auftreten, die ausreichend mit Energieeinheiten versorgt sind.

Die Schärfe der Ernährungsproblematik wird von zahlreichen Faktoren determiniert. Klima, Tätigkeit, Alter, Geschlecht, Gesundheitszustand und Verwertung der Nährstoffe sind dabei die wichtigsten Faktoren die den individuellen Nahrungsbedarf und -verbrauch beeinflussen.

Der Nahrungsverbrauch wird daneben von sozialen, politischen und wirtschaftlichen Rahmenbedingungen beeinflußt. Zu deren wichtigsten gehören Einkommen, Transportmöglichkeiten, Infrastruktur, Bildung, Gesundheitsversorgung und soziokulturelle Normen. In erster Linie entscheidet aber das Einkommen über die Betroffenheit von Unter- und Mangelernährung.

Mit Ausnahme von Versorgungsproblemen, die durch Kriege, Unruhen oder Zusammenbruch des Transportwesens verursacht wurden, konnte immer wieder beobachtet werden, daß sogar während der härtesten Hungersnöte im Prinzip ausreichend Nahrung vorhanden war, um den gesamten Bedarf zu decken. Jedoch fehlte es bestimmten Bevölkerungsgruppen regelmäßig an der notwendigen Kaufkraft (Timmer 1983:4 und Collins 1978:31).

Moderne energieabhängige Produktionsmethoden in der Landwirtschaft und eine schnell wachsende Nachfrage nach höherer Nahrungsqualität, d.h. insbesondere nach veredelten Produkten, führten überdies zu einer tendenziellen Steigerung der Nahrungspreise (Kuhnen 1980:301).

Aufgrund dieser Fakten betrachten viele der mit diesem Thema beschäftigten Forscher und Organisationen das Ernährungsproblem als Einkommens- bzw. Kaufkraftproblem. Diese Betrachtungsweise findet sich durch eine signifikante Korrelation zwischen Einkommensniveau und Ernährungsstand bestätigt (Timmer 1983:57).

Abbildung 1 veranschaulicht die anhand der Ergebnisse empirischer Forschung festgestellte Auswirkung des Einkommens auf Menge und Qualität des Nahrungsverbrauchs und somit auf Unter- und Mangelernährung.

Abbildung 1: Einkommensabhängigkeit des Nahrungsverbrauchs

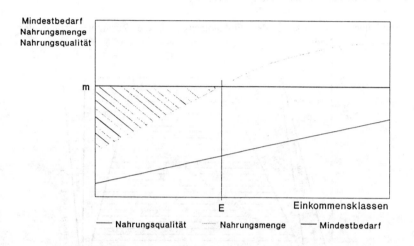

Quelle: eigene Darstellung in Anlehnung an Timmer 1983:57

Da jede beliebige Nahrungsmenge unabhängig von ihrer Beschaffenheit und Herkunft in Energieeinheiten ausgedrückt und damit vergleichbar gemacht werden kann, können Auftreten und Ausmaß der Unterernährung relativ einfach quantifiziert werden. Durch Einbeziehung eines hypothetischen Mindestniveaus kann approximativ ausgesagt werden, daß Menschen, deren Einkommen unter dem Niveau (E) liegt, den erforderlichen Mindestbedarf an Kalorien (m) nicht erreichen und somit unterernährt sind. Die schraffierte Fläche stellt demzufolge das Ausmaß der Unterernährung dar.

Mangelernährung dagegen bezieht sich auf eine Vielzahl von Nährstoffen, deren Aufnahme bzw. Mangel nicht aggregiert gemessen werden kann. Ein Überblick über die Zusammensetzung der Nahrung, nach der Herkunft der verschiedenen Nährstoffe gegliedert und in Abhängigkeit vom Einkommen dargestellt, kann jedoch die

Problematik etwas näher erläutern und dient als akzeptable Basis zur Einschätzung der Mangelernährung.

Wie aus Abbildung 2 zu erkennen ist, besteht die Nahrung bei niedrigen Einkommensklassen zum größten Teil aus stärkereichen Nahrungsmitteln. Der geringe Anteil von tierischen Produkten wie Fleisch, Milch und Eier ist in der Regel mit einem Mangel an hochwertigen Nährstoffen wie Eiweiß, Vitaminen und Mineralstoffen verbunden (Blanckenburg 1986:76, 104).

Abbildung 2: Auswirkung des Einkommens auf die Zusammensetzung der Nahrung

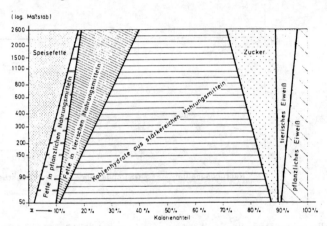

Quelle: Blanckenburg 1986:104

2.1.2 Ernährungsstrategie

Die Ernährungsstrategie stellt einen Rahmenplan für alle auf das Ziel Ernährungssicherung gerichteten Maßnahmen dar. Mit Ernährungssicherung ist hier die Sicherstellung des empfohlenen physiologischen Bedarfs für jeden Menschen zu jeder Zeit gemeint.

Da die Ernährungslage ein Resultat der gesamten Lebensbedingungen darstellt und somit den Entwicklungsstand eines Landes widerspiegelt, kann die Ernährungssicherung nur im Rahmen des gesamten Entwicklungsprozesses erreicht werden. Diese Kopplung verleiht dem Ziel Ernährungssicherung einen entwicklungspolitischen Charakter. Sie bedeutet aber nicht, daß sich Ernährungssicherung notwendigerweise als Nebenprodukt des Entwicklungsprozesses parallelkomplementär einstellt. Die Erfahrung der letzten Entwicklungsdekaden hat diese Vorstellung deutlich widerlegt (Blanckenburg 1986:351). Die Notwendigkeit einer eigenständigen Ernährungsstrategie ergibt sich aus der Vielschichtigkeit des Ernährungsproblems sowie aus den Interdependenzen der Auswirkungen von Einflußfaktoren, welche die Ernährungslage bestimmen.

Trotz der im allgemeinen positiven und notwendigen Wechselwirkung zwischen Entwicklung und Ernährungssicherung kann die Verfolgung mancher entwicklungspolitischer Ziele zu einer negativen Ernährungswirkung führen. Die explizite Integration der Ernährungssicherung in den entwicklungspolitischen Zielkatalog respektive eine Einbindung der Ernährungsstrategie in die gesamte Entwicklungsstrategie stellt aus diesem Grunde darauf ab, das gesamtgesellschaftliche Zielsystem derart auszubalancieren, daß eine (aktive oder passive) Diskriminierung fehlernährter Bevölkerungsgruppen vermieden wird.

Nahrungsproduktion, Außenhandel, Beschäftigung und Einkommen, Bevölkerungswachstum, Infrastruktur, Gesundheitswesen sowie Bildung und Forschung stellen zentrale Bereiche dar, mit denen sich eine Ernährungsstrategie befassen muß. Daraus folgt, daß politische Maßnahmen, die diese Bereiche regulieren, im Einklang mit dem Ziel Ernährungssicherung konzipiert und durchgeführt werden müssen. Allerdings: Auch im Prozeß der Koordination können Widersprüche und Inkonsistenzen der eingesetzten Maßnahmen auftreten, die u.U. eine Gewichtung und Bewertung eintretender Effekte respektive eine Zielhierarchisierung erforderlich machen (Blanckenburg 1986:261).

Voraussetzung für die Konzipierung einer Ernährungsstrategie ist die genaue Analyse der vorhandenen Ernährungssituation. Ursachen und Erscheinungsformen des Ernährungsproblems sowie die Betroffenheit der verschiedenen Bevölkerungsgruppen und Regionen müssen quantitativ und qualitativ erfaßt werden, wodurch die konkreten spezifischen Ziele festgelegt, Ansatzpunkte eingegrenzt und zieladäquate Maßnahmen ausgewählt werden können.

2.1.3 Nahrungssicherung

Der Begriff der "Nahrungssicherung" bezieht sich auf die prinzipielle Fähigkeit eines Landes, die Menge an Nahrungsgütern, die zur ausreichenden Versorgung der ansässigen Bevölkerung notwendig ist, langfristig bereitzustellen. Von der Ernährungssicherung läßt sich die Nahrungssicherung durch folgende Punkte abgrenzen:

- Im Mittelpunkt der Betrachtung steht hier nicht die Betroffenheit des Individuums bzw. bestimmter Gruppen, sondern "Nahrung" als solche.
- Nahrungssicherung betrifft die Beschaffung von Nahrungsgütern, bevor sie den Endverbraucher erreichen (Stremplat 1981:2).

- Nahrungssicherung geht von einem (im Sinne der ökonomischen Theorie) positiven Begriff aus. Die notwendige Nahrungsmenge, die es zu sichern gilt, wird vom Jahresdurchschnitt des tatsächlichen Verbrauchs abgeleitet. Nahrungssicherung ist also primär darauf ausgerichtet, den Status-Quo zu sichern, und nicht, die Standards anzuheben (Valdés 1981:38 und World Food Conference :173).

Nahrungssicherung als wirtschaftspolitisches Ziel läßt sich in erster Linie mittels zweier Variablen determinieren:

1. durch die Fähigkeit, Nahrung selbst zu produzieren, und gegebenenfalls
2. durch die Fähigkeit, Nahrungsimporte langfristig zu finanzieren.

Demzufolge ist die Nahrungssicherung nicht nur von der Produktion und den Preisen der Nahrungsmittel, sondern auch von der heimischen Produktion und den Preisen der Exportgüter, mit deren Einnahmen die Nahrungsimporte finanziert werden, abhängig (Valdés 1981:35).

Der Grad der Selbstversorgung mit Nahrungsmitteln und die Relation zwischen dem Wert der Nahrungsmittelimporte und dem der Exporteinnahmen eines Landes stellen daher langfristig betrachtet wichtige Indikatoren zur Beurteilung der Sicherheit der Versorgung mit Nahrungsmittel dar.

Die Beziehung zwischen Ernährungs- und Nahrungssicherung ist je nach der Zeitspanne der Betrachtung charakterisiert. Kurzfristig kann eine relative Unabhängigkeit zwischen beiden Zielvariablen bestehen: Unter- und Mangelernährung treten auch in Ländern auf, in denen die Versorgung der Volkswirtschaft, global gesehen, über mehrere Jahre ausreichend war. Umgekehrt kann die Versorgung in einem Land mit überdurchschnittlicher Bedarfsdeckung keineswegs als gesichert bezeichnet werden, wenn sie auf unsicheren Quellen basiert. Langfristig sind die beiden Begriffe respektive Ziele eng miteinander verbunden. Ernährungssicherung beinhaltet und setzt gleichzeitig Nahrungssicherung voraus, geht jedoch weit darüber hinaus. Mit anderen Worten: Nahrungssicherung stellt zwar eine notwendige, aber keine hinreichende Bedingung zur Ernährungssicherung dar.

2.1.4 Nahrungspolitik

Nahrungspolitik umfaßt alle volkswirtschaftlichen, vor allem jedoch agrarpolitischen Maßnahmen, die auf das Ziel Nahrungssicherung gerichtet sind.

Im Idealfall soll Nahrungspolitik als Bestandteil der langfristigen Ernährungsstrategie konzipiert werden. Für die meisten Entwicklungsländer kann jedoch von der Existenz einer expliziten Ernährungsstrategie nicht ausgegangen werden. Nahrungspolitiken haben daher in der Praxis kurz- bis mittelfristigen Charakter.

Außer der Verfügbarkeit an Nahrungsgütern in einer Volkswirtschaft sind alle anderen Faktoren, die die Ernährungslage beeinflussen, für die Nahrungspolitik als vorgegeben anzusehen[1]. Die Nahrungspolitik muß von den bestehenden Gegebenheiten ausgehen und sich an sie im Laufe der Zeit anpassen.

2.2 Alternativen der Nahrungspolitik

In vielen Entwicklungsländern ist die Versorgungslage durch eine wachsende Nahrungslücke gekennzeichnet, die durch das Auseinanderklaffen von Nahrungsverbrauch und -produktion entsteht.

Die folgende Diskussion geht von dieser defizitären Versorgungssituation aus und stellt auf die Untersuchung von Handlungsoptionen ab, die im Hinblick auf eine dauerhafte Verbesserung in Frage kommen. Dabei werden neben den ökonomischen auch entwicklungs- und ernährungspolitische Bewertungskriterien berücksichtigt.

2.2.1 Steigerung der eigenen Nahrungsproduktion

Um eine Steigerung der eigenen Nahrungsproduktion zu realisieren, steht eine Vielzahl von agrarpolitischen Maßnahmen zur Verfügung. Faktorpreissubventionen, Erzeugerpreissubventionen, Garantie von Mindestpreisen, Anbaupflicht und -auflagen sind die wichtigsten Instrumente. Ihre Bewertung erfordert an sich eine ausgedehnte mikroökonomische Analyse, die im Rahmen dieser Diskussion nicht durchgeführt werden soll. Im folgenden werden lediglich die wesentlichen möglichen Wege im Hinblick auf eine höhere Eigenproduktion an Nahrungsmitteln beschrieben und analysiert. Mikroökonomische Aspekte finden ansatzweise Berücksichtigung.

2.2.1.1 Einführung produktivitätssteigernder Innovationen

Die Auswirkung produktivitätssteigernder Innovationen äußert sich geometrisch in der Verschiebung der Produktionskurve nach oben (Abbildung 3). Die daraus resultierende Produktionssteigerung erfolgt in zwei Schritten. Im ersten Schritt bewirkt die höhere Produktivität eine Steigerung der Produktion von q_0 auf q_1 bei gleichgebliebenem Faktoreinsatz r_1. Die gestiegene Effizienz führt im zweiten Schritt zu einer Erhöhung des Faktoreinsatzes von r_1 auf r_2, also zur neuen optimalen speziellen Intensität, worauf die produzierte Menge von q_1 auf q_2 steigt (Henrichsmeyer 1983:99).

---

[1] Gemäß der hier verwendeten Definition liegt die Beeinflussung anderer Faktoren im Bereich der Ernährungsstrategie.

Die Einführung moderner Technologien könnte somit effizientere Produktion und bessere Ausnutzung von vorhandenen Potentialen bedeuten, was ceteris paribus sowohl ökonomisch als auch entwicklungs- und ernährungspolitisch positiv zu bewerten ist.

Viele Entwicklungsländer entschieden sich daher, diesen Weg einzuschlagen. Durch die Anwendung neuer Hochertragssorten in Verbindung mit ausreichender Versorgung mit Wasser, Dünge- und Pflanzenschutzmitteln wurde versucht, die Nahrungsproduktion, vor allem die Getreideproduktion, zu steigern, was unter dem Begriff "Grüne Revolution"[2] subsumiert wurde. Hinsichtlich der erreichten Produktivitätssteigerung hatte dieser Prozeß in vielen Fällen einen sichtbaren Erfolg.

Abbildung 3: Auswirkung der Einführung von Innovationen auf die Produktion

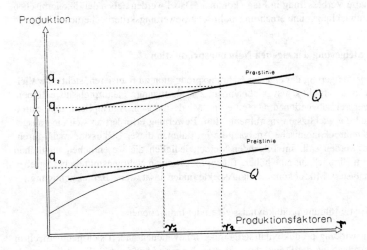

Quelle: eigene Darstellung in Anlehnung an Henrichsmeyer 1983:99
    wobei: Q = Produktionsfunktion
             P = Preislinie
             r = Faktoreinsatz
             q = Produktionsmenge

---

2 Zu der Diskussion über die Grüne Revolution vgl. z.B.:
    Barker 1981, Collins 1978, Kuhnen 1980, 1981, 1983, Manig 1985, 1987, Matzke 1974, von Urff 1980, Valdés 1981.

Die mehrjährige Erfahrung zeigte dennoch negative Auswirkungen, die zu wachsender Kritik des Konzeptes der "Grünen Revolution" führten. Es kristallisierten sich insbesondere folgende Gegenargumente heraus:

1. Die modernen Produktionstechniken wirken zwar produktionssteigernd, jedoch nicht produktionsstabilisierend. Sie können im Gegenteil sogar zu einer höheren Instabilität der Ernte führen. Hochertragreiche Getreidesorten reagieren stärker als traditionellen Sorten auf ungünstige Bedingungen mit Mindererträgen (insbesondere bei Wassermangel infolge von Dürreperioden).

   Selbst der Einsatz von Technologien, die allein durchgeführt, ertragsstabilisierend wirken (z. B. Bodenverbesserungen), hat in der Praxis keine stabilisierende Wirkung, da hier regelmäßig andere Maßnahmen folgen, zum Beipiel Anbau von Hochertragssorten, die die positive erste Wirkung entweder teilweise kompensieren oder sogar zur Steigerung der absoluten Instabilität führen.

2. Die Grüne Revolution verstärkte die innerlandwirtschaftliche Differenzierung in doppelter Hinsicht:
   - Da der Erfolg der neuen Sorten stark von günstigen klimatischen Bedingungen und ausreichender, kontrollierter Bewässerung abhängig ist und sich zudem auf wenige Getreidesorten beschränkt, konnten nur diejenigen Regionen davon Gebrauch machen, die über diese Bedingungen verfügen. Die ohnehin aufgrund unterschiedlicher natürlicher Verhältnisse bestehende regionale Differenzierung hat sich dadurch gravierend verstärkt.
   - Die Einführung und der Erfolg der modernen Produktionsmethoden sind je nach Betriebsgröße, Risikobereitschaft und den individuellen Fähigkeiten des Betriebsleiters unterschiedlich. Dadurch führte die Grüne Revolution zu Differenzierungen bzw. verstärkte die bereits innerhalb des Dorfes vorhandenen Unterschiede (bei gleichen natürlichen Verhältnissen).

3. Die Grüne Revolution vernachlässigt einen wichtigen Aspekt der Ernährungsfrage, dessen Rolle tendenziell an Bedeutung gewinnt, nämlich den Nahrungspreis. Die Umstellung auf moderne Inputs, die mit großem Energieaufwand produziert und oft zu hohem Preis importiert werden, was mit steigenden Transportkosten verbunden ist, bedingt in der Tendenz die Produktion teurerer Nahrung. Dies kann eine Verschärfung des Ernährungsproblems bewirken.

4. Die Abhängigkeit der Entwicklungsländer von den reichen Industrienationen, die durch eigene Nahrungsproduktion verringert werden sollte, wird in den Ländern, die die modernen Betriebsmittel importieren müssen, eher verstärkt.

5. Da die produktionssteigernden Innovationen sich auf den Getreideanbau konzentrierten, führte die Grüne Revolution zu einem Rückgang des Anbaus von Hülsenfrüchten zugunsten der Getreideproduktion. Dies hatte die Störung der ausgeglichenen traditionellen Nahrungskombination Getreide-Hülsenfrüchte zur Folge, was eine schlechtere Nahrungsqualität implizierte.

6. Die produktionssteigernden Maßnahmen der Grünen Revolution sind mit steigenden Umweltbelastungen verbunden: Verschlechterung der Bodenqualität als Folge von Versalzung und Erosion, Störung des biologischen Gleichgewichts und erhöhte Resistenzbildung. Langfristig gefährden diese Faktoren eine sinnvollerweise auf Nachhaltigkeit angelegte Nahrungsproduktion.

2.2.1.2 Einschränkung anderer Produktionsrichtungen

Einschränkung der Exportkulturen[3]

Die Auswirkung des Anbaus von Exportkulturen auf die Ernährungslage in den Entwicklungsländern ist in der Diskussion über die Ernährungsproblematik sehr umstritten. Die Einstellung zu diesem Thema ist oft ideologisch geprägt und läßt sich mit Hilfe zweier Idealtypen beschreiben: Befürworter des Anbaus von Exportkulturen sind konsequenterweise diejenigen, die für eine steigende Integration der Entwicklungsländer in den Weltmarkt plädieren und Nahrungsmittelimporte für ein wichtiges Element der Nahrungssicherung halten. Ihre Gegner sehen dagegen in der Abkoppelung der Entwicklungsländer vom Weltmarkt den ersten Schritt zur Lösung des Ernährungsproblems; sie plädieren für eine möglichst hohe Nahrungsselbstversorgung.

Die Argumente der Befürworter lauten:

1. Grundsätzlich können durch Handel die komparativen Kostenvorteile ausgenutzt werden, was für alle Beteiligten eine Steigerung des Wohlstandes bedeutet.

2. Der Anbau von Exportkulturen ist meist relativ arbeitsintensiv. Ein positiver Beschäftigungs- und Einkommenseffekt stellt sich ein, von dem die Armutsgruppen, die an erster Stelle vom Ernährungsproblem betroffen sind, profitieren. Höhere Kaufkraft kann so eine (in quantitativer wie qualitativer Hinsicht) bessere Ernährung realisieren.

---

3 Zur Diskussion über die Auswirkung der Exportkulturen auf die Ernährungssicherung vgl. z.B.: Ahrens 1986, Collins 1978, Schmitz 1984, Siamwalla 1980, Tangermann 1986, von Urff 1980 b, Valdés 1981.

3. Der Devisenmangel stellt ein großes Hindernis für den Entwicklungsprozeß dar. Agrarexporte erbringen Devisen, die sowohl für Nahrungsimporte als auch für Industriegüter, die für die Entwicklungspläne notwendig sind, verwendet werden können. Dies bedeutet eine sowohl kurz- als auch langfristige Verbesserung der Ernährungslage.

Die Argumente der Gegner lauten:

1. Ein unvollkommener Weltmarkt, der insbesondere im Agrarbereich von den protektionistischen Maßnahmen der Industrieländer verzerrt wird und in dem die Entwicklungsländer eine schwache Verhandlungsposition einnehmen, verhindert die Ausnutzung der komparativen Kostenvorteile. In der Praxis schlagen sie oft in wirtschaftliche Nachteile um.

2. Während die Nachfrage nach Grundnahrungsmitteln, die hauptsächlich von Entwicklungsländern importiert werden, preisunelastisch ist, ist die Preiselastizität von Exportgütern in Entwicklungsländer relativ hoch. Dies erhöht das Risiko für Entwicklungsländer, weil sie in doppelter Hinsicht wirtschaftlich verletzbar sind.

3. Exportkulturen beinhalten einen weiteren Risikofaktor: Viele dieser Kulturen sind Dauerkulturen, die oft mehrere Jahre benötigen, bis sie wirtschaftlich effizient genutzt werden können. Eine ökonomisch rationale Anpassung der Anbaustrukturen an die Preisschwankungen des Weltmarktes ist daher fast unmöglich.

4. Exportkulturen werden meistens auf großen Plantagen produziert. Mögliche negative Auswirkungen dieser Produktionsverfahren sind:
   - Die Gewinne konzentrieren sich in den Händen weniger Landeigentümer, während die Verluste auf die ohnehin armen Arbeiter abgewälzt werden.
   - Die erbrachten Devisen werden oft für den Konsum der Reichen verbraucht; Luxus- und nicht entwicklungsrelevante Güter werden importiert.
   - Der Anbau von Monokulturen auf großen Flächen erhöht die Anfälligkeit gegen Krankheiten und Schädlinge.

Einschränkung der Tierproduktion

Die hohen Veredelungsverluste, die durch die Umwandlung der pflanzlichen in tierische Kalorien bzw. in Eiweiß entstehen, stellen die Zweckmäßigkeit der Tierproduktion in den Entwicklungsländern generell in Frage. Um die knappen Ressourcen konkurrieren Tiere und Menschen in zweifacher Hinsicht. Eine direkte Konkurrenz entsteht durch das Verfüttern von hochwertigen pflanzlichen Produkten, die auch der menschlichen Ernährung dienen könnten, vor allem Getreide. Das Tier liefert aber aufgrund niedriger Umwandlungseffizienz von Energie und Proteinen nur einen Bruchteil dessen, was es aufgenommen hat. Der Anbau von Futter, also von Nahrung, die den Menschen vorenthalten wird, stellt eine indirekte Konkurrenzbeziehung dar, bei der weitere Verluste entstehen. Eine Flächeneinheit, die beispielsweise mit Getreide bebaut wird, liefert weitaus mehr Proteine und Kalorien als eine mit Grünfutter bebaute.

Die Einschränkung der Tierproduktion bedeutet in beiden Fällen eine kalorienmäßige Steigerung des Nahrungsangebots. Dies bedingt jedoch einen gesellschaftlichen Umverteilungsprozeß: durch einen geringeren Verbrauch an Nahrungsmitteln tierischer Herkunft seitens der Reichen wird den Armen und damit Unterernährten mehr Nahrung pflanzlicher Herkunft zur Verfügung stehen.

Das Ausmaß der Veredelungsverluste ist von der spezifischen Umwandlungseffizienz der jeweiligen Tierrasse und der Art der Tierhaltung abhängig. Als wichtiger Maßstab der Umwandlungseffizienz dient das Verhältnis zwischen der in verbrauchtem Futter und im Endprodukt enthaltenen Energie und Eiweiß, bezogen auf die gesamte Lebensdauer des Tieres. Die Ergebnisse einer Kalkulation der Umwandlungseffizienz für Rinder-, Geflügel-, Milch- und Schweineproduktion werden in Tabelle 1 aufgestellt. Zur Beurteilung der Zweckmäßigkeit der Tierproduktion aus ernährungspolitischer Sicht ist die Modifizierung einer solchen Kalkulation notwendig, bei der die Art der verwendeten Futtermittel berücksichtigt werden muß: Die Umwandlungseffizienz soll nur auf den Teil des Futters bezogen werden, der nicht von Menschen verzehrbar ist (Bywater and Baldwin 1980:9). Beispielsweise zeigt sich Schweineproduktion nach Tabelle 1 wesentlich effizienter als Rinderproduktion. Würden die Produktionssysteme bei Schweinen auf Getreidefutter und bei Rindern auf Gras- und Nebenproduktfutter basieren, so erführe die Rinderproduktion nach der modifizierten Kalkulation eine günstigere Bewertung als die Schweineproduktion.

Trotz ihrer deutlich negativen Auswirkung auf die Quantität des Nahrungsangebotes sprechen allerdings einige Umstände gegen eine rigorose Einschränkung der Tierproduktion:

1. Tierproduktion ist nachfragegerecht. Dabei wird die Marktnachfgrage nicht nur von Beziehern höherer Einkommen ausgeübt. Vielmehr sind die niedrigeren Einkommensgruppen sogar von einer höheren Einkommenselastizität nach Nahrungsmitteln tierischer Herkunft gekennzeichnet als andere Bevölkerungsgruppen (Blanckenburg 1986:221). Dies stellt die Durchführung einer Politik, die auf Tierproduktionseinschränkung abzielt, in Frage.

2. Das Ernährungsproblem manifestiert sich nicht allein im Kalorienmangel. Mangel an Eiweiß, insbesondere tierischem Eiweiß, ist weitaus stärker verbreitet. Eine Einschränkung der Tierproduktion könnte zur Verschärfung dieser Mangelernährung führen.

3. Bei Vorkommen absoluter Futterflächen (Weiden), die nur bedingt bebaubar sind, kann die Tierproduktion aus ökonomischer und ernährungspolitischer Sicht die sinnvollere Verwendung dieser Flächen darstellen.

4. Besonders in den Entwicklungsländern dient die Tierhaltung auch anderen Zwecken als denen der Nahrungsproduktion. Zugkraft, Dünger, Leder, Fasern sind wichtige Nebenprodukte der Tierhaltung (McDowell 1980:103).

Tabelle 1: Energie- und Eiweißgehalt in Futter und Endprodukt bei verschiedenen Tierproduktionsverfahren

Produktions-verfahren	Gehalt im Futter		Gehalt im Endprodukt in % des Gehalts im Futter	
	Energie in Mcals	Eiweiß in kg	Energie in %	Eiweiß in %
Rind	20.560,0	823,0	5,2	5,3
Geflügel	23,2	1,2	15,0	30,0
Milch	19.960,0	702,0	23,1	28,8
Schwein	1.471,0	66,0	23,2	37,8

Quelle: Bywater and Baldwin 1980:8

5. Die Tierhaltung stellt eine flexible Nahrungsreserve dar, indem die Tiere in "guten" Zeiten von Menschen verwertbares und unverwertbares Futter zu sich nehmen und dann in Mangelzeiten hochqualitative Nahrung bieten (Bywater and Baldwin 1980:9).

2.2.2 Nahrungsmittelimporte

Eine Reduzierung der Nahrungslücke durch Importe stellt heute für viele Entwicklungsländer nicht selten den Regelfall dar.

In den letzten drei Dekaden ist der Anteil der Nahrungsimporte an der gesamten Versorgung der Entwicklungsländer sprunghaft gestiegen. Im Rahmen dieses Prozesses entwickelten sich die Entwicklungsländer von Netto-Exporteuren zu Netto-Importeuren von Nahrungsmitteln (in Kalorien gemessen) (FAO 1977:52).

Die Diskussion über diese Nahrungsimporte ist von der Diskussion über die Agrarexporte nicht zu trennen (vgl. Kapitel 2.2.1.2). Ergänzend sind hier weitere Bedenken bezüglich der Nahrungsimporte als Bestandteil einer Nahrungspolitik zu nennen, wobei zwischen zwei Kategorien der Nahrungsimporte unterschieden wird, nämlich zwischen kommerziellen Importen und Importen im Rahmen der Nahrungsmittelhilfe.

2.2.2.1 Kommerzielle Nahrungsimporte

Die Anwendung der kommerziellen Nahrungsimporte als Mittel zur Nahrungssicherung basiert auf dem Prinzip des internationalen Handels, der Ausnutzung komparativer Kostenvorteile.

Gegen diese Grundprämisse wenden viele Kritiker ein, daß die realistischen politischen und ökonomischen Bedingungen, welche die Nahrungsimporte beeinflussen, diese zu einer unzuverlässigen Quelle der Nahrung machen.

Die Kritik an den Nahrungsimporten kann im wesentlichen auf fünf Punkte konzentriert werden[4]:

1. Die Weltmarktpreise für Nahrungsmittel unterliegen großen Schwankungen, die schwer abschätzbar sind. Durch agrarpolitisch stabilisierende Maßnahmen auf den Binnenmärkten in den Industrieländern wird die Instabilität auf dem Weltmarkt verstärkt. Nahrungsimportierende Entwicklungsländer, die ohnehin unter Devisenknappheit leiden, können bei großen und/oder plötzlichen Preissteigerungen ihren Bedarf nicht mehr decken. Preisschwankungen für

---

4 Vgl. dazu z.B.:
Collins 1978, Matzke 1981, Mellor 1988, Ruthenberg 1981, Siamwalla 1980, Tangermann 1986, Timmer 1983, Valdés 1981.

Nahrungsgüter, insbesondere für Getreide, sind - weil unkalkulierbar - de facto der gravierendste Risikofaktor.

2. Ein zweiter Risikofaktor, wenn auch unwahrscheinlicher als der erstgenannte, ist die Gefahr eines absoluten Nahrungsdefizites. Dies ist dann der Fall, wenn, ganz unabhängig von Preisen und Kaufkraft, Nahrung auf dem Weltmarkt nicht erhältlich ist, z.B. infolge von extremen Mißernten in den Hauptexportländern.

3. Nahrungsimporte verursachen bzw. verstärken die politische und wirtschaftliche Abhängigkeit der Entwicklungs- von den Industrieländern.

4. Nahrungsimporte verschlechtern die Zahlungsbilanzprobleme der Entwicklungsländer. Sie werden zu einem großen Teil durch Auslandsverschuldung und/oder Abbau von Devisenreserven finanziert.

5. Importe von Industriegütern, die für die Entwicklungspläne notwendig sind, müssen eingeschränkt werden, um Devisen für Nahrungsimporte freizumachen.

2.2.2.2 Nahrungsmittelhilfe

Die Nahrungsmittelhilfe wurde 1954 als Teil der Entwicklungshilfe eingeführt. Mit ihrer Etablierung wurden zwei Ziele verfolgt: Die Überwindung von Notsituationen sowie die Realisierung einer Art Ressourcentransfer von Industrieländern in Entwicklungsländer (FAO 1977:68).

Seit dieser Zeit war das Konzept der Nahrungsmittelhilfe Gegenstand einer fortlaufenden Weiterentwicklung, bei der viele Programme und politische Maßnahmen konzipiert und durchgesetzt wurden. Mit der generellen Ausweitung der Überschußproduktion in den Industrieländern, die nicht mehr auf dem Weltmarkt abgesetzt werden konnte, nahm auch der Umfang der Nahrungsmittelhilfe erheblich zu (Collins 1978:360).

Allgemein wird heute mit Nahrungsmittelhilfe jede Art der Nahrungslieferung gemeint, die zu nicht-kommerziellen Bedingungen an Entwicklungsländer geliefert wird (Beißner 1986:10). Man unterscheidet drei verschiedene Formen von Nahrungsmittelhilfe:

- ungebundene Hilfe (Programmhilfe),
- Projekthilfe und
- Nothilfe.

Die Programmhilfe steht wegen ihres Umfanges im Vordergrund. Diese Art der Nahrungsmittelhilfe umfaßt Zuschüsse und Verkäufe an die Regierungen der Nehmerländer zu günstigen Kreditbedingungen (Sonderkonditionen). In der Regel trägt das Nehmerland die Transportkosten ab Verschiffungshafen. Die Vergabe ist in diesem Fall gruppen- und projektungebunden, die Nahrungsmittel werden auf dem Markt des Nehmerlandes weiterverkauft.

Als Projekthilfe wird eine zweckbestimmte kostenlose Nahrungshilfe bezeichnet. Die bekanntesten Formen der Projekthilfe sind die Speisungsprogramme und die Food-for-Work-Projekte. Im ersten Fall wird versucht, bestimmte Zielgruppen wie Schulkinder, Schwangere und stillende Frauen zu erreichen. Bei den Food-for-Work-Projekten wird Nahrung als Arbeitsentlohnung bzw. als Teil der Entlohnung eingesetzt. Diese Art der Nahrungshilfe konzentriert sich vor allem auf Projekte, die zu der Entwicklung des heimischen landwirtschaftlichen Sektors beitragen, womit die Verbesserung der Infrastruktur, der Bau von Be- und Entwässerungsanlagen und der Ausbau von Wohnsiedlungen eng verbunden sind.

Nahrungsnothilfe oder Katastrophenhilfe wird schnell und kostenlos an solche Länder in akuten Notsituationen verteilt, in denen die Bevölkerung von einer massiven Reduzierung der Nahrungsverfügbarkeit betroffen ist. Kriege und Naturkatastrophen stellen in der Regel die Ursachen solcher Situationen dar (vgl. Beißner 1986:574 und Blanckenburg 1986:303).

Außer der Nahrungsnothilfe, die aus humanitärer und ethischer Sicht unumstritten ist, sind die anderen Formen der Nahrungsmittelhilfe Gegenstand kontroverser Diskussion.

Im folgenden wird versucht, eine Zusammenstellung der Argumente[5] pro und kontra Nahrungsmittelhilfe zu geben.

Gründe für Nahrungsmittelhilfe

1. Die Nahrungsmittelhilfe spielt eine entscheidende Rolle bei der Überwindung von Hungersnöten.
2. Durch Nahrungsmittelhilfe werden Devisen für andere Zwecke der Entwicklungspläne freigesetzt.
3. Die Nahrungsmittelhilfe dient durch Sicherung der Ernährung den am häufigsten Betroffenen, den armen Bevölkerungsgruppen, indem sie kurzfristig die negativen Nebenwirkungen von Strukturanpassungsprogrammen auffängt, ohne die Erzeugerpreise zu senken.
4. Die Nahrungsmittelhilfe ermöglicht niedrige Verbraucherpreise für Nahrung. Dies kann zur Verbesserung der Ernährungslage der Armen und zu höheren privaten Sparguthaben führen.

---

5 Vgl. dazu z.B.:
von Braun 1980, Cathie 1982, Collins 1978, Hack 1986, Mellor 1985, 1988, Shaw 1988, Timmer 1983.

Gründe gegen Nahrungsmittelhilfe

1. Eine Einschleusung von Nahrungsmittelhilfen auf den Markt der Nehmerländer kann sich infolge sinkender Nahrungspreise hemmend auf die eigene Nahrungsproduktion auswirken (disincentive effect).
2. Nahrungsmittelhilfe kann als politisches Druckmittel verwendet werden. Ihre Abgabe dient in diesem Fall nicht primär der Befriedigung der Bedürfnisse der Nehmerländer, sondern ist abhängig von deren politischer Einstellung. Dies führt zu einer noch stärkeren Abhängigkeit der Nehmer von den Geberländern als diese ohnehin durch kommerzielle Importe verursacht wird.
3. Der Umfang der Nahrungsmittelhilfe ist vom Umfang des Produktionsüberschusses in den Geberländern sowie von der Nachfrage nach kommerziellen Exporten abhängig. Die Vergabe erfolgt daher überwiegend lediglich kurzfristig. Dies erhöht die Unsicherheit der Versorgung in den Nehmerländern und verhindert eine Eingliederung der Nahrungsmittelhilfe in die Entwicklungspläne.
4. Die Nahrungsmittelhilfe hat einen negativen Einfluß auf die Entwicklungspolitik der Regierungen in den Nehmerländern. Sie führt zur Vernachlässigung des Agrarsektors und dämpft die eigenen Anstrengungen zur Erhöhung der Nahrungsproduktion.
5. Die Nahrungsmittelhilfe berücksichtigt nicht die Ernährungsgewohnheiten in den Nehmerländern. Sie führt zu einem neuen Konsummuster, das nicht immer durch eigene Produktion realisierbar ist, was die Abhängigkeit von außen verstärkt.

2.2.3 Schlußfolgerung und Stellungnahme

Nahrungssicherung als Grundlage zur Existenzsicherung ist als ein gesellschaftliches Oberziel absoluter Priorität anzusehen. Da die Erhaltung der physischen menschlichen Existenz ökonomisch, d.h. im Sinne eines reinen Kosten-Nutzen-Kalküls, nicht zu bewerten ist, darf das Ziel Nahrungssicherung weder ökonomisch beurteilt noch gegen wirtschaftliche Ziele abgewogen werden[6].

Dem ökonomischen Aspekt sollte jedoch neben anderen Aspekten große Beachtung geschenkt werden, ebenso der Beurteilung der politischen Alternativen, die zur Zielerreichung gewählt werden.

---

6 Der Nutzen eines vorgegebenen Zieles, das absolute Priorität besitzt, ist per Definition unendlich groß, gleichzeitig sind seine volkswirtschaftlichen Kosten (in der Form von Verzichtskosten) gleich null. Vgl. dazu Sohn 1984:6.

Die Alternativen der Nahrungspolitik schließen sich nicht aus, im Gegenteil, sie können sich ergänzen und gegenseitig begünstigen. Jegliche "Schwarz-Weiß-Malerei", die diese Alternativen für "gut" oder "schlecht" erklärt, ist deshalb irreführend. Die Auswahl der zur jeweiligen Situation passenden Politik sowie ihre praktische Realisierung entscheiden über den Erfolgsgrad. Trotzdem ermöglichen die praktischen Erfahrungen der Entwicklungsländer und die Ergebnisse zahlreicher Forschungsarbeiten einige allgemeine Aussagen, die von Fall zu Fall spezifiziert werden müssen:

- Eine wachstumsorientierte Landwirtschaft, die eine effiziente Steigerung der eigenen Nahrungsproduktion gewährleistet und die in ausreichendem Maße Exportgüter produziert, um die notwendigen Nahrungsimporte finanziern zu können, stellt das Fundament der langfristigen Nahrungssicherung dar.
- Nahrung, insbesondere Grundnahrung, ist nicht mit anderen Handelsgütern vergleichbar.
- Durch die Sonderstellung der Nahrung als ein absolut notwendiges Gut erhält diese einen strategischen Wert. Daher darf die Verfügbarkeit über Nahrungsmittel weder den Marktmechanismen mit allen damit verbundenen Risiken noch dem politischen Willen und Handeln der Exporteure überlassen werden. Ein gewisser Grad an Selbstversorgung mit Grundnahrungsmitteln muß daher, abgesehen von der Effizienzfrage, angestrebt werden. Eine umfassende Risikoanalyse kann bei der Bestimmung des angestrebten Mindestversorgungsgrades helfen.
- Angepaßte und umweltschonende Innovationen der landwirtschaftlichen Produktion sind nach wie vor zur Lösung des Ernährungsproblems unentbehrlich. Bei der Auswahl der eingesetzten Innovationen müssen die Ziele Ressourcenerhaltung und Produktionssteigerung aufeinander abgestimmt werden.
- Damit die Nahrungssicherung durch Produktionserhöhung die Ernährungssicherung nicht durch soziale Differenzierung bedroht, sollte der Einsatz von Innovationen von der Schaffung geeigneter institutioneller Rahmenbedingungen begleitet werden. Auf diese Weise kann der Zugang kleinerer Landwirte zu den neuen Produktionssystemen gewährleistet sowie der Einfluß negativer wirtschaftlicher und sozialer Nebenerscheinungen aufgefangen werden.
- Exportgüter, die arbeitsintensiv und von einer großen Zahl kleiner Erzeuger produziert werden, können eine positive Auswirkung auf die Nahrungs- und Ernährungssicherung haben. Das Eintreten dieses Positiveffektes ist von der Stabilität des Weltmarktes für die betroffenen Güter sowie von der Art der Verwendung der eingenommenen Devisen abhängig.
- Tierhaltung auf nicht-ackerfähigen Weiden sowie auf der Basis von Nebenprodukten und Abfallfütterung trägt entschieden zur Nahrungssicherung bei. Anders ist es bei Produktionssystemen, die auf dem Anbau von Grün- oder Getreidefutter basieren; diese Art der Tierhaltung stellt eine Verschwendung knapper Ressourcen dar.

- Nahrungsmittelimporte können nur dann positiv bewertet werden, wenn a) die inländische Produktion dauerhaft einen hohen Grad an Selbstversorgung gewährleisten kann und gleichzeitig b) die Kosten der Importe durch eigene laufende Deviseneinnahmen gedeckt werden können. Denn wenn das Überleben ausschließlich von Nahrungsimporten abhängig ist, kann die Versorgung, abgesehen von momentaner Verfügbarkeit, nicht als sicher bezeichnet werden.
- Nahrungsmittelhilfe, die zum Ausgleich struktureller, dauerhafter Defizite eingesetzt wird und die zu einem festen Bestandteil der Nahrungspolitik geworden ist, stellt die unsicherste Art der Versorgung dar. Mit dieser Form der Nahrungshilfe werden Importe ersetzt. Sie erhält den Charakter der Importe, jedoch ist sie mit höherem Risiko und größerer Abhängigkeit verbunden.

3 Die Landwirtschaft Ägyptens
Bedeutung - Gestaltung - Problem

3.1 Die Bedeutung des landwirtschaftlichen Sektors für die ägyptische Volkswirtschaft

Historisch betrachtet stellt Ägypten bis in die jüngste Vergangenheit hinein ein agrarisch geprägtes Land dar. Die Landwirtschaft bildete das Rückgrat der Volkswirtschaft. Bis zum Beginn des Baumwollanbaus im Jahre 1820 waren zum einen die Nahrungsproduktion und zum anderen die Beschäftigung von Arbeitskräften (Budde 1988:55) die wichtigsten Beiträge der Landwirtschaft für die gesamte Volkswirtschaft. Mit der Einführung des Anbaus von Baumwolle, die sich zum wichtigsten Exportgut Ägyptens entwickelt hatte, erhielt der Agrarsektor eine neue Funktion: die der Devisenquelle.

Abbildung 4: Entwicklung des Anteils der ländlichen Bevölkerung im Vergleich zur Gesamtbevölkerung

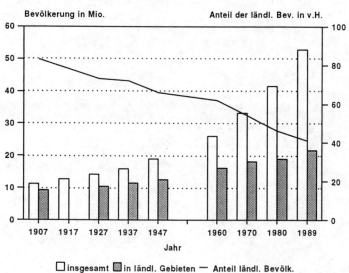

Quelle: eigene Darstellung nach Tabelle 1 im Anhang

Abbildung 5: Entwicklung des Anteils der Erwerbspersonen in der Landwirtschaft im Vergleich zur gesamten Anzahl der Erwerbspersonen

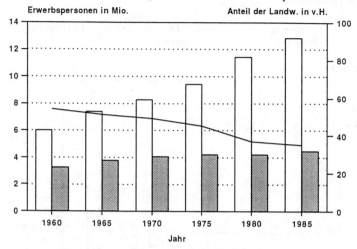

Quelle: eigene Darstellung nach Tabelle 1 im Anhang

Dennoch konnte die Landwirtschaft besonders in den letzten Jahrzehnten mit der gesamtwirtschaftlichen Entwicklung nicht Schritt halten. Dies hat sich auf die Bedeutung des landwirtschaftlichen Sektors für die gesamte Volkswirtschaft ausgewirkt: Die Landwirtschaft hat tendenziell an Gewicht verloren.

Der Anteil des Sektors Landwirtschaft an Bevölkerung, Erwerbspersonen, Bruttoinlandsprodukt und Export ist tendenziell gesunken: Anfang dieses Jahrhunderts lebten immer noch 80 v.H. der Bevölkerung in ländlichen Gebieten. Seitdem sank der Anteil kontinuierlich ab. 1960 lag er bei 62 v.H. und erreichte 1986 nur noch 41 v.H. Die relative Veränderung von 1960 bis 1986 beträgt somit 34 v.H. (vgl. Abbildung 4).

Weil Arbeitsfähige infolge hoher Mobilität in besonders starkem Maße aus der Landwirtschaft abwandern, war die relative Abnahme der Erwerbspersonen im landwirtschaftlichen Sektor im Vergleich zu allen Erwerbspersonen etwas höher.

Der Anteil der Erwerbspersonen sank von 54 v.H. 1960 auf 35 v.H. 1986; die relative Veränderung beträgt 35 v.H. (vgl. Abbildung 5).

Auch der Anteil des landwirtschaftlichen Sektors am Bruttoinlandsprodukt zu Faktorkosten nahm im gleichen Zeitraum deutlich ab. 1960 lag dieser bei 31,5 v.H.,

1988 betrug er nur noch 21 v.H. Das bedeutet eine relative Veränderung von 33 v.H. (vgl. Abbildung 6).

Abbildung 6: Entwicklung des Anteils des landwirtschaftlichen Sektors am Bruttoinlandsprodukt zu Faktorkosten

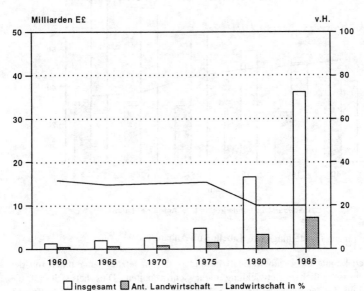

Quelle: eigene Darstellung nach Tabelle 3 im Anhang

Am stärksten veränderte sich der Anteil der Exporte des landwirtschaftlichen Sektors[7] im Vergleich zu den Gesamtexporten.

Dieser Anteil lag 1960 bei 74 v.H. und erreichte 1986 17 v.H.; die relative Veränderung betrug somit 77 v.H. (vgl. Abbildung 7). Diese Veränderung ist zum größten Teil auf die Steigerung der Erdölexporte Ägyptens seit den 70er Jahren zurückzuführen, der ein Rückgang der Agrarexporte gegenüberstand.

---

7 hauptsächlich Baumwolle und Reis

Abbildung 7: Entwicklung des Anteils der Agrarexporte an den Gesamtexporten

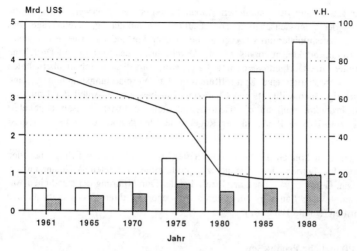

Quelle: eigene Darstellung nach Tabelle 4 im Anhang

3.2 Gestaltung der landwirtschaftlichen Produktion

3.2.1 Staatliche Lenkung der landwirtschaftlichen Produktion

Mit der Umverteilung des Landbesitzes im Rahmen der Agrarreform von 1952 änderte sich die Betriebsgrößenstruktur schlagartig. Der überwiegende Teil der neu entstandenen Betriebe war von einer Größe, die die Rentabilität der Produktion kaum gewährleisten konnte. Um diese Nebenwirkung der Landreform möglichst aufzuheben, wurde das Genossenschaftssystem eingeführt und im Laufe der Zeit auf Landesebene verbreitet (Budde 1988:161).

Ursprünglich beschränkten sich die Funktionen der Genossenschaften auf die Durchführung von produktionsfördernden Maßnahmen (Bereitstellung von Betriebsmitteln, Beschaffung von Krediten und Beratung) sowie teilweise Vermarktung der Agrarprodukte. Zur Finanzierung dieser Aktivitäten wurden die

Genossenschaften an die Zentralbank für Entwicklung und Agrarkredit als einzige Finanzierungsquelle gekoppelt (El-Kholy 1987:23).

Mit der Entstehung des staatlichen Anbauplanungssystems[8] erweiterten sich die Aufgaben der Genossenschaften. Die staatliche Anbauplanung, deren Träger das Landwirtschaftsministerium ist, regelte die Fruchtfolge und die Anteile der angebauten Agrarprodukte im voraus. Für die Durchführung des Systems auf Dorfebene sind seitdem die Dorfgenossenschaften zuständig. Mit diesem Schritt übernahmen die Genossenschaften eine Kontrollfunktion. Die Vermarktungsfunktion gewann zwangsläufig einen willkürlichen Charakter: Ein bestimmter Anteil der Ernte der meisten Produkte muß an die Genossenschaften zu festen Preisen abgeliefert werden, wobei diese Preise in der Regel unter den Marktpreisen liegen (Nassr 1983:16).

Im allgemeinen können die Genossenschaften mit relativ gutem Erfolg auch den kleineren Landwirten den Zugang zu produktionsfördernden Maßnahmen ermöglichen. Geringer ist jedoch der Erfolg bei der Durchführung der staatlichen Anbauplanung; viele Landwirte orientieren sich eher an ihrem Vorteil als an den Vorschriften (Budde 1988:162).

3.2.2 Pflanzliche Produktion

Von den 1.001.450 qkm, die die Gesamtfläche Ägyptens ausmachen, nimmt die Kultur- und Siedlungsfläche 35.189 qkm (3,5 %) ein, auf der 1984 knapp 53 Mio. Menschen lebten. Die landwirtschaftliche Nutzfläche, die sich hauptsächlich im Niltal konzentriert, betrug 1988 6.147.540 Feddan (25.830 km²). Damit beansprucht die landwirtschaftliche Produktion 2,6 v.H. der Gesamtfläche Ägyptens[9]. Um diese extreme Knappheit von Kulturland teilweise zu kompensieren, entwickelte sich schon früh ein sehr intensives Anbausystem, das es ermöglicht, den Boden beinahe das ganze Jahr zu bebauen. Die Summe der Flächen aller angebauten Feldfrüchte in einem Landwirtschaftsjahr (vom 1. November bis 31. Oktober) wird in Ägypten als Anbaufläche bezeichnet. 1987 betrug diese etwa 11.419.000 Feddan, woraus sich eine Anbauintensität[10] von 1,9 ergibt.

Abgesehen von den weit verstreuten Oasen und dem schmalen Streifen an der Mittelmeerküste basiert die Landwirtschaft Ägyptens auf der großflächigen Bewässerung durch das Wasser des Nils. Die wasserregulierende Funktion des Hochdamms von Assuan in Südägypten ermöglicht es, die gesamte Anbaufläche ganz-

---

8 Das System wurde 1952 in einem engen Rahmen eingeführt und allmählich erweitert. 1964 umfaßte die staatliche Anbauplanung den größten Teil der landwirtschaftlichen Flächen sowie die Mehrzahl der Agrarprodukte (Nassr 1983:18).
9 Alle Zahlenangaben entstammen aus CAPMAS (b) 1990.
10 Die Anbauintensität kennzeichnet die Relation der Anbaufläche zur nutzbaren Fläche.

jährig ausreichend zu bewässern. Die Kosten der Wasserbereitstellung trägt der Staat.

Das Landwirtschaftsjahr ist in zwei Hauptsaisons geteilt (vgl. Abbildung 8):
- Wintersaison mit einer Vegetationsperiode von November bis April,
- Sommersaison mit einer Vegetationsperiode von April bis Oktober.

1987 betrug die in der Wintersaison bebaute Fläche 43,7 v.H. der Anbaufläche mit Weizen, Kurz- und Langzeitklee sowie Bohnen als wichtigsten Winterfrüchten. Die Flächen der Sommersaison beanspruchten 43 v.H. der Anbaufläche mit Baumwolle, Reis, Mais und Sorghum als Hauptfrüchten.

Abbildung 8: Die Anbaustruktur der ägyptischen Landwirtschaft (Anteile der Fruchtarten in v.H.)

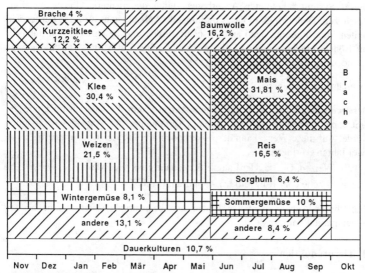

Quelle: eigene Berechnungen nach CAPMAS (a), verschiedene Jahrgänge

Die fünf wichtigsten Feldfrüchte in Ägypten sind Weizen, Mais, Reis, Baumwolle und Klee. Sie beanspruchten 1987 68 v.H. der Anbaufläche[11]. Der Anbau dieser Agrarprodukte erfolgt je nach Bodenqualität in einem der beiden nachfolgend beschriebenen Fruchtfolgesysteme:

1. Dreijähriges Verfahren

    Der dreijährige Turnus stellt das ältere, traditionelle System dar, bei dem der bebaute Boden innerhalb von drei Jahren vier Ernten hervorbringt:

    1. Jahr: Langzeitklee, dann Brache,
    2. Jahr: Weizen oder Gerste, dann Mais oder Reis,
    3. Jahr: Brache, dann Baumwolle oder Kurzzeitklee.

    Dieses System schont den Ackerboden durch die mehrere Monate dauernde Brachezeit. Dennoch ging dieses traditionelle Anbausystem im Zuge der tendenziellen Intensivierung der Landwirtschaft zurück und beschränkt sich nunmehr auf Böden minderer Qualität, die sich hauptsächlich in Mittel- und Südägypten befinden.

2. Zweijähriges Verfahren

    Der zweijährige Turnus ist das neuere Anbausystem. Er hat sich im Laufe der Zeit stark verbreitet, da dadurch eine Ausdehnung der Anbaufläche möglich wurde. Auf diese Weise kann der Ackerboden drei bis vier Ernten innerhalb von zwei Jahren erbringen:

    1. Jahr: Weizen, Gerste oder Langzeitklee, dann Reis oder Mais,
    2. Jahr: Brache oder Kurzzeitklee, dann Baumwolle.

    Weil dieses Anbausystem den Boden sehr beansprucht, setzt es eine bessere Bodenqualität voraus.

3.2.3 Tierproduktion

Die Tierhaltung erfolgt hauptsächlich in landwirtschaftlichen Mischbetrieben. Sie umfaßt Rinder, Büffel, Schafe, Ziegen, Geflügel, Kamele und Esel[12] (vgl. Tabelle 2). Für diese Betriebe ist die Funktion der Tiere als Zugkraft nicht weniger von Bedeutung als die der Nahrungsproduktion. Während Rinder, insbesondere Ochsen, als Hauptzugtiere fungieren, sind Büffel die wichtigsten Milchlieferanten. Kamele und Esel dienen in erster Linie als Transportmittel.

---

11 Alle Zahlen beziehen sich auf Angaben aus CAPMAS (b) 1990.

Auch die Produktion von Düngemitteln zählt zu den Zielen der Tierhaltung. Tiere fungieren außerdem als finanzielle Sicherheit: Sie können in Notsituationen (z.b. Mißernten) schnell und unkompliziert in Geld oder Nahrung umgewandelt werden.

Wegen der Multifunktion der Tierhaltung stellen die Tiere ein Prestigegut dar. Der Umfang der Tierhaltung ist ein Bestimmungsfaktor für die soziale Stellung des Eigentümers im Dorf.

Neben der traditionellen Tierhaltung in den bäuerlichen Betrieben gibt es die kommerzielle Großproduktion, deren Anteil am gesamten Tierbestand seit den 70er Jahren tendenziell zunimmt, um so die wachsende Nachfrage nach tierischen Erzeugnissen zu befriedigen.

Tabelle 2: Tierbestand in Ägypten 1989.

Tierart[13]	Zahl in 1000 Tieren
Büffel	2650
Rinder	1950
Schafe	1320
Ziegen	1650
Kamele	66
Schweine	15
Pferde	10
Hühner	30000
Enten	4000
Gänse	1000

Quelle: FAO: Production Yearbook 1989

---

12 Schweine werden in kleinem Umfang in kommerziellen Betrieben außerhalb der Landwirtschaft gehalten. Pferde dienen als Zugkraft für Transportkarren außerhalb der Landwirtschaft.
13 Für die Anzahl der Esel konnten keine offiziellen Daten gefunden werden. Deren Zahl wurde auf 2 Millionen geschätzt.

Tabelle 3: Relativer Beitrag der verschiedenen Futtermittel zur Deckung des Gesamtbedarfs an Stärkeeinheiten und verdaulichem Eiweiß in der gesamten ägyptischen Tierproduktion

Futtermittel	Deckung des Bedarfs an Stärkeeinheiten (in v.H.)	Deckung des Bedarfs an verdaulichem Eiweiß (in v.H.)
Grünfutter	68,7	82,0
Kraftfutter	14,3	2,7
Rauhfutter	17,0	15,3
Summe	100,0	100,0

Quelle: Radwan 1987:83

Mit über 68 v.H. am gesamten Futteraufkommen in Ägypten (in Stärkeeinheiten gemessen) ist Grünfutter, welches hauptsächlich aus dem ägyptischen Klee "Berseem" besteht, das wichtigste Futtermittel. Kraftfutter wird vor allem in kommerziellen Betrieben verwendet. Für die landwirtschaftlichen Betriebe kommen die Nebenprodukte der Landwirtschaft (Rauhfutter) nach dem "Berseem" an die zweite Stelle (vgl. Tabelle 3).

3.3 Probleme der Landwirtschaft

3.3.1 Relative Knappheit der Nutzfläche

Die Knappheit an landwirtschaftlicher Nutzfläche ist durch die hohe Wachstumsrate der Bevölkerung in den letzten Dekaden noch weiter verschärft worden. Eine Erweiterung der Nutzflächen durch Inkulturnahme von bisher unkultiviertem Land ist nur in sehr begrenztem Umfang gelungen. Überdies ist der Zuwachs an Nutzflächen teilweise dadurch kompensiert worden, daß jedes Jahr Tausende von Feddan der fruchtbarsten Böden zu nicht-landwirtschaftlichen Zwecken umgewidmet wurden[14].

Von 1907 bis 1988 stieg die landwirtschaftliche Nutzfläche um 14 v.H.. Dieser Zunahme stand im gleichen Zeitraum ein Bevölkerungszuwachs von 360 v.H. gegenüber. Bemühungen, die Anbauflächen durch stärkere Intensivierung zu "erweitern", hatten relativ großen Erfolg. Die Anbauflächen konnten in diesem Zeitraum um 49 v.H. erweitert werden.

---

14 Für die Zeit von 1970 bis 1984 wird diese Fläche auf jährlich 75.000 Feddan geschätzt (NSK 1987:93).

Die starke Divergenz zwischen Zuwachs der Bevölkerung und Expansion der Nutz- bzw. Anbauflächen führte zu einer ständigen Verringerung der pro Kopf verfügbaren landwirtschaftlichen Fläche (vgl. Tabelle 4).

Tabelle 4: Entwicklung der Nutz- und Anbauflächen in Feddan pro Kopf der Bevölkerung

Jahr	Nutzfläche in Feddan/Kopf	Anbaufläche in Feddan/Kopf
1907	0,48	0,68
1917	0,41	0,60
1927	0,38	0,61
1937	0,33	0,52
1947	0,30	0,48
1957	0,24	0,42
1967	0,22	0,34
1977	0,17	0,29
1987	0,12	0,23

Quelle: Budde 1988:197 und CAPMAS (a) verschiedene Jahre

3.3.2 Verschlechterung der Bodenqualität

Die Böden in der Landwirtschaft Ägyptens werden nach ihrer Fruchtbarkeit in vier Gruppen eingeteilt: in sehr gute, gute, durchschnittliche und unterdurchschnittliche. In den letzten zwanzig Jahren hat sich die Bodenqualität so sehr verschlechtert, daß der Anteil der beiden Klassen minderer Qualität sich zu Lasten der besseren Bodengruppen dramatisch erhöht hat (NKPW 1978:33). Die Verschlechterung der Bodenqualität ist im wesentlichen durch folgende Faktoren bedingt:

1. starke Beanspruchung des Bodens durch hohe Anbauintensität,

2. Verlust des fruchtbaren Nilschlammes seit Errichtung des Assuan-Staudammes[15],

3. illegale Verwendung der obersten Bodenschicht (Humus) für die Produktion von Bausteinen,

4. unzureichender Düngemitteleinsatz sowie

---

15 Der Nilschlamm diente seit Tausenden von Jahren als hochwertiger, natürlicher Dünger für die ägyptische Landwirtschaft. Durch die regelmäßigen Überschwemmungen des Stromes wurde ständig die Oberschicht der Böden erneuert.

5. Unzulänglichkeit der Be- und Entwässerungssysteme, die zu einem Anstieg des Grundwasserspiegels und zur Versalzung des Bodens geführt haben.

3.3.3 Ineffiziente Betriebsgrößenstruktur

Die Betriebsgrößenstruktur ist durch das Vorherrschen kleiner und sehr kleiner Betriebe gekennzeichnet. 1984 besaßen 95 v.H. der Betriebe eine durchschnittliche Betriebsgröße von 0,9 Feddan. Tabelle 5 gibt einen Überblick über die gesamte Betriebsgrößenstruktur.

Tabelle 5: Betriebsgrößenstruktur der Landwirtschaft Ägyptens 1987

Fläche	Betriebe		Betriebsflächen	
in Feddan	in 1000	in % aller Betriebe	in 1000 Feddan	in % der ges. Nutzfläche
insgesamt	3481	100,00	5463	100,00
unter 5	3317	95,29	2895	53,02
5 - 10	87	2,50	566	10,36
10 - 20	46	1,32	592	10,84
20 - 50	23	0,66	647	11,84
50 - 100	6	0,17	410	11,77
100 u.mehr	2	0,06	347	6,35

Quelle: eigene Berechnung nach CAPMAS (a) 1990

Nicht erkennbar ist hier allerdings, daß die kleinen und kleinsten Betriebsflächen oftmals in mehrere weit zerstreute Parzellen aufgeteilt sind. Ein Gesetz von 1957, das eine Mindestbetriebsgröße von 5 Feddan vorsieht, konnte sich nicht gegen das islamische Erbrecht durchsetzen (NSK 1983:93). Die mangelhafte Aufnahmefähigkeit für landwirtschaftliche Arbeitskräfte in andere Sektoren ist der Hauptgrund für die weiter fortschreitende Verkleinerung der landwirtschaftlichen Betriebe.

Eine derartige Größenstruktur wirkt sich negativ auf die Produktivität der Produktionsfaktoren aus. Eine umfassende Untersuchung des Einflusses der Betriebsstruktur auf die landwirtschaftliche Produktion in Ägypten hat ergeben, daß die tatsächliche Produktion die mögliche um 30 v.H. unterschreitet (Mansur/El-Sayel 1981:91); ein derart ineffizientes Produktionssystem verschärft das Armutsproblem in den ländlichen Gebieten deutlich.

Eine Betriebsgröße von 2,43 Feddan markiert nach Abu-Mandur (1981:99) die Schwelle, bei der eine durchschnittliche Bauernfamilie mit ihrem Lebensstandard an der Armutsgrenze liegt. Daraus folgt, daß die Produktion der Mehrzahl der Betriebe weit unter dem Subsistenzniveau liegt. Eine Ausweitung der relativen und absoluten Armut verhindert wiederum den Einsatz notwendiger variabler Produktionsfaktoren. Somit implizieren die kleinen Betriebsgrößen einen Teufelskreis mit bedrohlichen wirtschaftlichen und sozialen Folgen.

3.3.4 Agrar- und preispolitische Probleme

Für die Entwicklung der Landwirtschaft existiert in Ägypten keine umfassende langfristige Strategie. Daraus folgt, daß die ägyptische Agrarpolitik ein klares Konzept vermissen läßt, aus dem Zielsetzung, Zielhierarchie sowie Mittel und Instrumente erkennbar wären.

Die Kooperation zwischen den vielen Institutionen, die an der Durchführung von Politiken beteiligt sind, ist deutlich unterentwickelt. Diese Faktoren stellen ungünstige Rahmenbedingungen für die Bemühungen dar, die Entwicklung im landwirtschaftlichen Sektor energisch voranzutreiben (El-Gabaly 1981:287).

Der Grad der Staatsintervention im Rahmen der Anbauplanung[16] ist für die verschiedenen Agrarprodukte unterschiedlich. Diese Differenzierung läßt sich wie folgt erläutern:

a) Festsetzung von Anbauflächen und Preisen, gekoppelt mit Pflichtablieferung der gesamten Ernte (Baumwolle und Zuckerrohr),

b) Festlegung von Anbauflächen und Pflichtablieferung eines Teiles der Ernte mit festgelegten Preisen (Reis, Erdnüsse und Sesam),

c) indirekte Beeinflussung der Preise über Staatsmonopole für Importe und Subventionierung des Verbraucherpreises (Weizen, Sorghum und Mais) sowie

d) freie Marktpreisbildung für alle anderen Produkte (Rahman 1986:43).

Die Bestimmung der Erzeugerpreise erfolgt jedes Jahr neu. Auf Basis der Kosten der letzten Saison erfolgt ein Zuschlag als Gewinn für die Erzeuger. Dieser Zuschlag orientiert sich am Pachtpreisniveau (Nassar 1987:5), das seit Jahrzehnten nicht erhöht worden ist. Hinzu kommt, daß bei der hohen und steigenden Inflationsrate die Kosten für das kommende Jahr unterschätzt werden.

Diese Preispolitik ist in mehrerer Hinsicht einseitig:

1. Sie geht primär von volkswirtschaftlichen Interessen aus, ohne die Interessen der Landwirte ausreichend zu berücksichtigen.

2. Die Bestimmung der Preise vernachlässigt die Entwicklung der Nachfrage und ihren Einfluß auf den Preis des freien Marktes.

---

16 Vgl. Kapitel 3.2.1.

3. Die Produktionsbedingungen werden für jede Fruchtart getrennt festgelegt. Interdependenzen werden nicht berücksichtigt.

Durch die Verzerrung der Preisrelationen weichen volkswirtschaftliche und betriebliche Rentabilität stark voneinander ab, was zu einer volkswirtschaftlichen Fehlallokation geführt hat (Duidar 1986:8). Die Bauern ziehen es vor, die vorgesehene Strafe für die "Nicht-Befolgung" der Regel zu zahlen, statt die für sie unrentablen Fruchtarten anzubauen[17]. Dies spiegelt sich in der Anbaustruktur wider. Der Anbau der Kulturen, die dem Marktmechanismus überlassen worden waren, erweiterte sich auf Kosten des Anbaus von traditionellen Kulturen, die an Staatsregelungen gebunden waren. In Tabelle 6 wird diese Entwicklung am Beispiel der am stärksten positiv und negativ betroffenen Agrarprodukte aufgezeigt.

Tabelle 6: Entwicklung der Anbauflächen verschiedener Agrarprodukte Ägyptens (in Durchschnitten der jeweiligen Zeiträume)

Zeitraum	Anbaufläche in 1000 Feddan					
	Baumwolle	Weizen	Reis	Klee	Gemüse	Obst
1952-1960	1737	1558	589	-	-	94[18]
1961-1965	1751	1459	817	-	-	-
1966-1970	1580	1300	1092	1450	-	-
1971-1975	1495	1320	1077	1618	843	272[19]
1976-1980	1260	1340	1032	1741	913	334
1981-1985	1061	1286	981	1862	881	411
1986-1989	1013	1107	953	1735	1029	628

Quelle: eigene Berechnungen aus CAPMAS (a), verschiedene Jahre

3.3.5 Auswirkungen wirtschaftlichen und sozialen Wandels

Als 1974 die Politik der offenen Wirtschaft (opening policy)[20] angekündigt wurde, erlebte Ägypten eine sprunghafte Umgestaltung der wirtschaftlichen und sozialen Strukturen. Die neue Politikform verschärfte innerhalb kürzester Zeit die gesellschaftliche Polarisierung. Im Laufe dieses Entwicklungsprozesses geriet die Landwirtschaft immer mehr auf die Verliererseite: Die für die ägyptische Wirtschaft ungewöhnlich hohe Inflationsrate führte zu einer Erhöhung sowohl der Preise für die landwirtschaftlichen Produktionsfaktoren als auch der Kosten für den Lebensunter-

---

17 Die seit Jahrzehnten festgesetzte Höhe der Strafe hat durch die Inflation in den 70er Jahren ihre Bedeutung verloren.
18 von 1952
19 Durchschnitt aus den Jahren 1973-1975

halt in den ländlichen Gebieten. Staatlich festgesetzte Preise und Anbaupläne verhinderten aber eine entsprechende Steigerung der Preise für landwirtschaftliche Produkte.

Von 1974 bis 1984 stiegen die Produktionskosten der Agrarprodukte um durchschnittlich 345 v.H., während im gleichen Zeitraum die Produktivität um weniger als 34 v.H. stieg (El-Bas 1988:369).

Das Niveau der Arbeitslöhne innerhalb und außerhalb der Landwirtschaft erfuhr ebenfalls eine drastische Differenzierung. Ein Vergleich zwischen dem Lohn eines Landarbeiters und dem eines ungelernten Bauarbeiters verdeutlicht diese Entwicklung. Während 1966 beide Arbeiter den gleichen Tageslohn erhielten, verdiente der Bauarbeiter 1977 doppelt so viel wie der Landarbeiter (vgl. Abbildung 9).

Die bereits bestehende Einkommensdisparität zuungunsten der Landwirtschaft wurde durch diese Mißverhältnisse erheblich verstärkt. Aus diesem Grunde erhöhte sich die Abwanderungsrate der Arbeitskräfte aus der Landwirtschaft. Einem Teil der Migranten gelang es, in anderen arabischen Staaten (vor allem in den arabischen OPEC-Ländern) Arbeit zu finden, was für sie und ihre Familien eine merkliche Erhöhung des Lebensstandards und außerdem zusätzliche volkswirtschaftliche Einnahmen von Devisen mit sich brachte. Die übrigen versuchten, in den Großstädten eine neue Existenz zu gründen. Viele von ihnen bekamen keine feste Arbeit und konnten nur mit Hilfe von Tätigkeiten im informellen Sektor[21] überleben. Diese Gruppe der Migranten bildet den Kern der Slumbevölkerung, die in der zweiten Hälfte der 70er Jahre entstanden ist (El-Safty 1986:50, El-Gabaly 1981:294).

---

20 Die Grundzüge der "opening policy": Einschränkung des staatlichen Einflusses auf das wirtschaftliche Geschehen, Förderung des privaten Sektors und ausländischer Investitionen.
21 z.B. Schuhputzen, Gebäckverkauf, Taxifahren

Abbildung 9: Der durchschnittliche Tageslohn in der Landwirtschaft und im Bausektor von 1966 - 1977 in Piaster

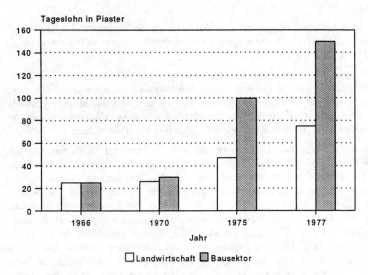

Quelle: eigene Darstellung nach El-Bas 1988:371

Die Abwanderung der Arbeitskräfte aus der Landwirtschaft baute die saisonale und verschleierte Arbeitslosigkeit weitgehend ab. Für die Betroffenen war die Abwanderung in der Regel zumindest ökonomisch vorteilhaft, denn abgewandert sind in der Regel die, deren Existenz in der Landwirtschaft nicht gesichert war. Da die Grenzkosten der Arbeit bei der bislang vorherrschenden verschleierten Arbeitslosigkeit sehr gering waren, war die Abwanderung in den Fällen, in denen die Betroffenen produktive Tätigkeiten in städtischen Gebieten fanden, auch volkswirtschaftlich von Vorteil.

Jedoch überschritt der Umfang der Abwanderung die Grenzen, innerhalb derer sich die vorgenannten Effekte ausschließlich positiv auswirkten. Demzufolge leidet der landwirtschaftliche Sektor seit Mitte der 70er Jahre immer mehr unter einer Knappheit an Arbeitskräften: Das sinkende Angebot an Arbeitskräften, die nur sehr begrenzt durch Mechanisierung ersetzt wurden, führte zu einer sprunghaften Steigerung der Löhne, was wiederum eine Erhöhung der Produktionskosten zur Folge hatte. Allein in den Jahren von 1974 bis 1979 erreichte die Zuwachsrate der Löhne in der Landwirtschaft zwischen 20 v.H. und 23 v.H. Die Lohnkosten stellten damit

40 v.H. bis 60 v.H. der gesamten Produktionskosten dar. Dennoch machten die Löhne im Agarsektor lediglich ein Drittel der Löhne im volkswirtschaftlichen Durchschnitt aus (Hansen 1983:303).

Durch die neue wirtschaftliche Situation hat sich die Lebensauffassung der ländlichen Bevölkerung grundlegend geändert. Konsummuster, Wertvorstellungen und Sozialverhalten haben signifikante Wandlungen erfahren. Vor allem der frühere hohe Eigenwert der Arbeit ist durch neue Werte ersetzt worden. Der Arbeitstag, der traditionell von Sonnenaufgang bis Sonnenuntergang dauerte, wurde immer kürzer. An die Stelle der Arbeit traten für breite Bevölkerungsgruppen das Massenmedium Fernsehen sowie Videogeräte, die bis spät in die Nacht beansprucht werden. Der Arbeitstag beginnt daher auf dem Lande oft nicht vor 9.00 Uhr. Für viele Landwirte endet die Feldarbeit um die Mittagszeit, damit ihnen Zeit bleibt, anderen Tätigkeiten nachgehen zu können (El-Aassar 1987:12). Studienergebnisse haben bewiesen, daß im allgemeinen die ägyptischen Landwirte eine hohe Freizeitpräferenz entwickelt haben, die nicht ökonomisch bedingt ist: Landwirte mit unterdurchschnittlichem bis sehr geringem Einkommen haben tendenziell eine größere Vorliebe für Freizeit als die Bevölkerungsgruppen mit höherem Einkommen (El-Bas 1988:363).

Da der größte Teil der Migranten aus Landlosen und Kleinbesitzern besteht, stellt der Bodenerwerb[22] die Hauptinvestitionsanlage für das gesparte Geld dar. Mit Ausnahme des Bodenerwerbs hat die Deckung der aktuellen Bedürfnisse höhere Priorität als produktive Investitionen. Dabei stehen Hausbau und Renovierung im Vordergrund der Interessen (Richard 1990:73). Die Investitionen im Bereich der landwirtschaftlichen Produktion beschränken sich fast ausschließlich auf den Kauf von Traktoren zur Bodenbearbeitung. Andere wichtige Investitionsbereiche sind Automobile (PKWs als Mietwagen oder für den Personentransport sowie Kleintransporter) und der Kleinhandel (Karim 1986:189). Da kaum produktive Investitionen durch Auswanderer erfolgen, ist deren positive Auswirkung auf die landwirtschaftliche Produktion sehr begrenzt.

Dagegen hat die mangelhafte Verfügbarkeit an Arbeitskräften, verbunden mit der unzureichenden Mechanisierung, zu starken negativen Auswirkungen geführt[23]; insbesondere führte der notwendig gewordene Einsatz von unqualifizierten Arbeitskräften zu deutlichen Produktivitäts- bzw. Produktionssenkungen.

---

22 Das Paradoxon, daß trotz der niedrigen Rentabilität des Ackerbaus der Bodenerwerb hohe Präferenzen genießt, ist nur durch sozialpsychologische Faktoren zu erklären. Bodenerwerb dient oft der Erfüllung eines seit Generationen bestehenden Wunsches, nämlich zu Grundbesitz und somit zu gesellschaftlichem Ansehen zu kommen (Karim 1986:192).
23 Vgl. dazu: El-Aassar 1987, El-Bas 1988, El-Gabaly 1981, Karim 1986.

4. Nahrungssicherung in Ägypten

Ausgehend von der in dieser Arbeit verwendeten Definition der Nahrungssicherung[24] soll in diesem Kapitel die Fähigkeit Ägyptens, die Nahrungsversorgung sicherzustellen, untersucht werden.

Nach einem Überblick über die Ernährungslage der Bevölkerung aus physiologischer Sicht soll die Entwicklung der Nahrungsproduktion, des -verbrauchs sowie der -lücke untersucht werden. Um eine Aggregation der verschiedenen Nahrungsgüter[25] zu ermöglichen, werden ihre Mengen in Getreideeinheiten (GE) umgerechnet.[26] Die wertmäßige Entwicklung der Nahrungslücke wird anhand des Wertes der Nahrungsimporte widergespiegelt.

Anschließend dienen der Selbstversorgungsgrad der untersuchten Produkte sowie die Fähigkeit der ägyptischen Volkswirtschaft, die Nahrungsimporte zu finanzieren, als Beurteilungskriterien für die Sicherheit der Nahrungsversorgung.

4.1 Ernährungslage

Die durchschnittliche Nahrungsaufnahme pro Kopf der Bevölkerung liegt in Ägypten auf einem höheren Niveau als in den übrigen Entwicklungsländern und der Welt insgesamt (vgl. Abbildung 10).

Mit 3 196 kcal/Kopf/Tag[27] übersteigt die Kalorienversorgung den Bedarf um 27 v.H. und beträgt damit mehr als das Zweifache des kritischen Limits (BMR)[28]. Eine akute Unterernährung ist daher in Ägypten in Hinblick auf die durchschnittliche Kalorienzufuhr nicht vorhanden.

---

24 Vgl. Kap. 2.1.3.
25 Die Analyse umfaßt folgende Produkte: Weizen, Mais, Reis, Bohnen, Linsen, Zucker, Gemüse, Obst, Fleisch, Geflügel, Milch und Fisch.
26 Die Umrechung der Nahrungsgütermengen in GE basiert auf den GE-Tabellen des statistischen Jahrbuchs des Bundesministeriums für Ernährung, Landwirtschaft und Forsten 1991:130 ff.
27 Zwar berücksichtigt dieser Indikator nicht die Differenzierungen in der Kalorienaufnahme der verschiedenen Einkommensgruppen sowie der einzelnen Individuen, jedoch hat die Errechnung der zwei folgenden Korrelationen gezeigt, daß er einen zuverlässigen Hinweis zu der Ernährungslage liefern kann:
a) die Korrelation zwischen der Pro-Kopf-Kcal-Versorgung und der Verbreitung von Unterernährung beträgt (-) 0,86,
b) die Korrelation zwischen der Pro-Kopf-Kcal-Versorgung und dem Grad der Bedarfserfüllung beträgt 0,94 (Braun 1984:29).
28 Basic Metabolic Rate: Die Höhe der absolut notwendigen Kalorienzufuhr pro Tag, die benötigt wird, um nicht von Unterernährung und ihren Folgen betroffen zu werden. Für Ägypten wurde das kritische Limit auf 1557 Kcal/Kopf/Tag und der Bedarf auf 2510 kcal/Kopf/Tag geschätzt (FAO 1977:50).

Chronische Mangelernährung ist dagegen weit verbreitet. Die häufigste Folge der Mangelernährung ist die Anämie, die in allen Altersgruppen und in allen Gebieten des Landes auftritt (Shughrab 1983:604).

Kinder sind von den Folgen der Mangelernährung besonders betroffen. Eine umfassende medizinische Untersuchung von Kindern unter sechs Jahren deckte bei über einer Million (27 v.H.) Wachstumsdefizite (stunted growth) auf. In derselben Altersgruppe litten 1,4 Millionen Kinder (38,4 v.H.) an Anämie. Von beiden Mangelzuständen waren auch 1,5 Millionen (22 v.H.) der Schulkinder betroffen (El-Baradey 1988:201). Als Hauptursache der festgestellten Mangelerscheinungen ist eine mangelhafte oder zumindest unzureichende Aufnahme von hochwertigen Nahrungsstoffen, vor allem Nahrung tierischer Herkunft, anzusehen. Tierische Produkte sind an der Nahrungszusammensetzung mit nur 10 v.H. beteiligt. Hülsenfrüchte, die ein akzeptables Substitut für tierische Proteine darstellen können, sind mit 1 v.h. gleichfalls schwach repräsentiert (vgl. Abbildung 10). 93,7 v.H. der Kalorien, 86,4 v.H. der Proteine und 76 v.H. der Fette entstammen pflanzlichen Produkten (vgl. Abbildung 11 und 12), was in der Regel eine unausgewogene Ernährung bedeutet, weil essentielle Proteine quantitativ und qualitativ nicht ausreichend vorhanden sind.

Abbildung 10: Nahrungsaufnahme pro Kopf und Tag

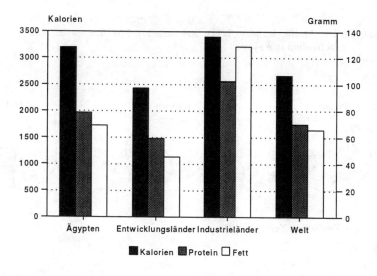

Quelle: eigene Darstellung nach FAO: Production Yearbook 1989

Abbildung 11: Die mengenmäßige Zusammensetzung des Nahrungsverbrauchs in Ägypten in v.H.

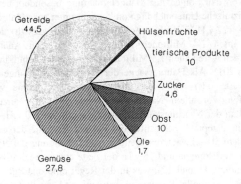

Quelle: eigene Darstellung aus Daten des Ministeriums für Versorgung und Binnenhandel (verschiedene Jahre)

Abbildung 12: Die Anteile der pflanzlichen und tierischen Produkte an der Nährstoffzufuhr in Ägypten

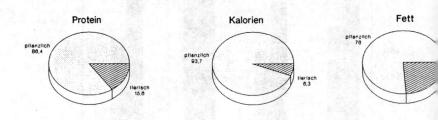

Quelle: FAO: Production Yearbook 1989

4.2 Nahrungsproduktion

Die produzierte Nahrungsmenge in Ägypten wuchs von 170 Mio. GE im Jahre 1970 auf 291 Mio. GE im Jahre 1987, was einer Steigerung von 71 v.H. entspricht. Diesem Wachstum an selbsterzeugten Nahrungsgütern stand ein Bevölkerungswachstum von 56 v.H. gegenüber. Die Pro-Kopf-Nahrungsproduktion lag 1970 bei 5.490 GE und erreichte 1987 nach leichten Schwankungen 5.630 GE[29], was einen Zuwachs von 3 v.H. implizierte (vgl. Abbildung 13). Dabei war der Produktionsanstieg der verschiedenen Produkte bzw. Produktgruppen sehr heterogen. Die Entwicklung der Nahrungsgüter höherer Qualität verlief im betrachteten Zeitraum relativ auf Kosten der Grundnahrungsmittel: Während die Produktion von Getreide, Hülsenfrüchten und pflanzlichen Ölen um 37,8 v.H. sowie um 19 v.H. stieg, wiesen Obst, Gemüse, Zucker und tierische Produkte ein Wachstum von 155, 105, 79 und 83 v.H. auf.

Ein hoher Anteil der ohnehin geringen Steigerung der Getreideproduktion entfiel überdies auf die Erzeugung von Futtermitteln. Ein großer Teil der Maisproduktion, die die höchste Wachstumsrate (51 v.H.) innerhalb der Getreidegruppe aufweist, wird als Futter verwendet. Das gleiche gilt - wenn auch in geringerem Maße - für die Weizenproduktion.

---

29 Zum Verständnis dieser geringen Wachstumsrate der Nahrungsproduktion vgl. Kapitel 3.3!

Abbildung 13: Entwicklung der Nahrungsproduktion in GE

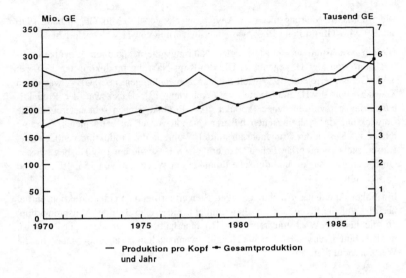

Quelle: eigene Darstellung nach Tabelle 23 im Anhang

Die Nahrungsproduktion ist allgemein durch relativ hohe Stabilität gekennzeichnet, was den günstigen klimatischen Bedingungen Ägyptens zu verdanken ist. Abweichungen der Produktionsmenge nach unten sind nur selten und sehr begrenzt auf den Rückgang der Produktivität zurückzuführen. Hauptsächlich ist eine negative Schwankung der pflanzlichen Nahrungsmittelproduktion auf Änderungen ihrer Anbauflächen zurückzuführen. Allerdings stellt die Steigerung der Produktivitäten das Grundelement des Produktionswachstums dar.

4.3 Nahrungsverbrauch

Der Nahrungsverbrauch betrug 1970 184 Mio. GE und stieg auf 419 Mio. GE im Jahre 1987, was einem Zuwachs von 128 v.H. gleichkommt.

Der Pro-Kopf-Verbrauch lag 1970 bei 5560 GE und erreichte 1987 8350 GE, was einen Zuwachs von 33,4 v.H. impliziert (vgl. Abbildung 14).

Abbildung 14: Entwicklung des Nahrungsverbrauchs in GE

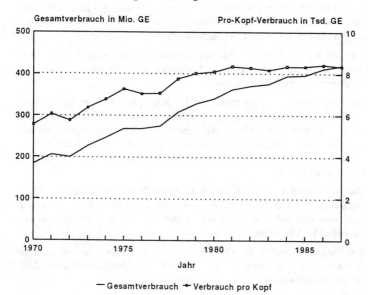

— Gesamtverbrauch ⇠ Verbrauch pro Kopf

Quelle: eigene Darstellung nach Tabelle 24 im Anhang

Hülsenfrüchte ausgenommen, deren Verbrauch um 14 v.H. stieg, war die Verbrauchssteigerung von allen berücksichtigten Produkten höher als das Bevölkerungswachstum. Der Verbrauch von Getreide, Ölen, Zucker, Obst und tierischen Produkten stieg im Betrachtungszeitraum um 137, 240, 220, 155, 105 und 99 v.H. Verglichen mit dem Bevölkerungswachstum im selben Zeitraum (56 v.H.) bedeutet dies eine massive Steigerung des Pro-Kopf-Verbrauchs bei fast allen berücksichtigten Produkten.

Nach dem Engelschen Gesetz sind der Anteil der Ausgaben für Nahrung sowie die Einkommenselastizität und die Nachfrage nach Nahrung um so größer, je niedriger das Einkommensniveau ist[30]. Die Entwicklung des gesamten Nahrungsverbrauchs und des Verbrauchs von superioren Gütern - wie tierische Produkte und Obst - kann plausibel im obigen Sinn durch den Einkommenszuwachs erklärt werden; der ökonomische Aspekt reicht allerdings nicht aus, um die expansive Entwicklung des Verbrauchs von an sich inferioren, vor allem energieliefernden Produkten wie

---

30 Diese Korrelation wird für Ägypten in eindrucksvoller Weise bestätigt: der Ausgabenanteil für Nahrung beträgt im Durchschnitt 0,46 (Shughrab 1983).

Getreide und Ölen zu erklären. Mit 2471 Kcal pro Kopf und Tag lag der Bedarfsdeckungsgrad 1970 bereits bei über 98 v.H. (African Development Bank 1990:198). Die große Steigerung des Verbrauchs dieser Nahrungsgruppe und damit der Kalorienversorgung ist auf den ersten Blick nicht verständlich.

Eine statistisch belegte Erklärung für das überproportionale Wachstum im Energieverbrauch ist - soweit bekannt - nicht vorhanden. In erster Linie kommen drei Faktoren als potentielle Ursachen in Frage:

1. Die Wirtschaftspolitik seit Mitte der 70er Jahre (die Öffnungspolitik) führte zu einer "Überschwemmung" der Märkte mit importierten Nahrungsgütern, deren Kauf und Verbrauch für die höheren Bevölkerungsschichten Prestige und Ansehen bedeuten. Durch Nachahmung verbreiteten sich die Güter - wenn auch in geringerem Maße - bei den mittleren und niedrigeren Einkommensklassen.

2. Die Auswanderung von Migranten in andere arabische Länder sowie die wachsende Verstädterung brachten nicht nur Kaufkraft, sondern auch neue Konsummuster und Ausgabenstrukturen mit sich. Dies ergänzte und forcierte die unter Pkt. 1 angegebene Entwicklung.

3. Die Subventionspolitik für Grundnahrungsmittel führte nicht nur zu einer sicheren Versorgung, sondern war auch für übermäßigen Verbrauch und Mißbrauch der subventionierten Güter verantwortlich.

4.4 Die Nahrungslücke

Mit dem Begriff "Nahrungslücke" wird hier auf die Differenz zwischen der eigenen Nahrungsproduktion und dem tatsächlichen Nahrungsverbrauch abgestellt. Die Entwicklung der Nahrungslücke (vgl. Abbildung 15) spiegelt das Auseinanderklaffen der beiden Größen "Nahrungsproduktion" und "Nahrungsverbrauch" wider. 1970 betrug die Nahrungslücke 14 Mio. GE, von denen auf Weizen 13 Mio. GE entfielen; 1987 betrug die Nahrungslücke 128 Mio. GE, von denen 56 Mio. GE auf Weizen zurückzuführen sind. Die Nahrungslücke ist somit im betrachteten Zeitraum um insgesamt 814 v.H. gestiegen.

Diese Entwicklung war die natürliche Folge der stets weiter auseinanderklaffenden Produktions- und Verbrauchsmenge.

Abbildung 15: Entwicklung der Nahrungslücke in GE

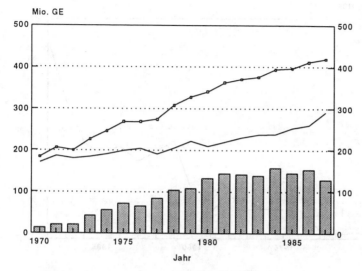

Quelle: eigene Darstellung nach Tabelle 25 im Anhang

4.5 Nahrungsimporte

Gemäß der hier verwendeten Definition der Nahrungslücke kann die mengenmäßige Entwicklung der Nahrungsimporte nur geringfügig von der der Nahrungslücke abweichen. Die Differenz zwischen den beiden Größen entsteht durch die Nahrungsexporte, die bei der Schätzung der Nahrungslücke wegen ihres geringen Umfanges nicht berücksichtigt werden.

Die wertmäßige Entwicklung der Importe (vgl. Abbildung 16) weist jedoch eine wesentlich höhere Steigerung auf, was auf die starke Erhöhung der Importpreise zurückzuführen ist. Dieser Wert, der 1970 bei 141.000 US$ lag, erreichte 1988 5.452.000 US$, was eine Steigerung von 3.766 v.H. bedeutet.

Abbildung 16: Entwicklung der Nahrungsimporte

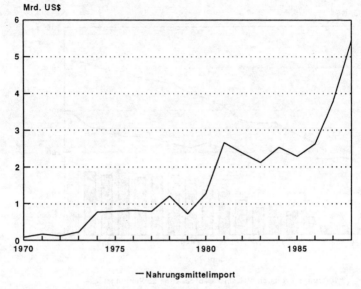

— Nahrungsmittelimport

Quelle: eigene Darstellung nach Tabelle 4 im Anhang

4.6 Beurteilung der Nahrungssicherung in Ägypten

Eine umfassende Beurteilung der Versorgungssicherung bedarf der Berücksichtigung vieler Faktoren, die in dieser Arbeit nicht behandelt werden können; vor allem wäre eine eingehende Risikoanalyse der Nahrungsproduktion, der -importe sowie der -exporte für eine solche Beurteilung unentbehrlich.

In diesem Abschnitt soll versucht werden, anhand zweier Maßstäbe zu einer dennoch aussagekräftigen Einschätzung zu kommen. Die angewendeten Kriterien sind der Selbstversorgungsgrad und die Fähigkeit, durch eigene Exporte die Nahrungsimporte zu finanzieren[31].

---

31 Vgl. Kap. 2.

4.6.1 Der Selbstversorgungsgrad an Nahrung

Der Selbstversorgungsgrad auf nationaler Ebene ist als prozentualer Anteil der eigenen Produktion am gesamten Nahrungsverbrauch zu sehen (FAO 1975:1). Er stellt einen sehr geeigneten Maßstab für die Abhängigkeit vom Ausland dar.

Der Selbstversorgungsgrad der meisten Nahrungsgüter in Ägypten ist im Betrachtungszeitraum erheblich gesunken (vgl. Tabelle 7). Dabei ist zu beobachten, daß der Grad der Selbstversorgung bei Grundnahrungsmitteln stärker gesunken ist. Davon ist auch das Exportprodukt Reis betroffen. Lediglich Fleisch, Milch und Geflügel wiesen in den 80er Jahren einen höheren Grad an Selbstversorgung auf als in den 70er Jahren. Für Fisch trat die Verbesserung erst 1985 ein. Fleisch und Fisch erreichten trotz der Steigerung nicht das Niveau von 1970. Die Steigerung des Selbstversorgungsgrades von Linsen in den 80er Jahren ist nicht auf eine Steigerung der Produktion, sondern auf das Sinken des Verbrauchs zurückzuführen.

Tabelle 7: Entwicklung des Selbstversorgungsgrades der verschiedenen Nahrungsprodukte in v.H.

Jahr	We	Re	Ma	Bo	Li	Zu	Öl	Fl	Gef	Milch	Fisch
1970	55	251	82	100	40	96	80	82	78	96	93
1975	35	174	68	60	92	79	52	72	67	94	59
1980	24	155	70	89	76	55	37	54	81	64	47
1985	23	167	61	112	53	55	34	63	79	86	45
1987	33	143	61	95	30	54	28	72	85	97	81

Abkürzungen:
We = Weizen Re = Reis Ma = Mais Bo = Bohnen
Li = Linsen Zu = Zucker Fl = Fleisch Gef = Geflügel

Quelle: eigene Berechnung aus Daten des Landwirtschaftsministeriums, Abteilung für Agrarstatistik (verschiedene Jahre)

Die Auslandsabhängigkeit, die sich aus Tabelle 7 feststellen läßt, ist in der Realität noch größer, da viele der Futtermittel und der verarbeiteten Produkte[32] in den verwendeten Zahlen nicht berücksichtigt worden sind.

4.6.2 Finanzierungsfähigkeit der Nahrungsimporte

Die Außenhandelsstatistiken Ägyptens zeigen einen im Zeitablauf zunehmenden Importüberschuß, was entsprechende erhebliche Defizite in der Handelsbilanz impliziert (vgl. Abbildung 17). Hinzu kommt, daß über die Hälfte der Exporte aus Erdöl bzw. Erdölprodukten bestehen, deren Preise großen Schwankungen unterliegen (CAPMAS, Statistisches Jahrbuch 1990).

Aufgrund dieser Außenhandelssituation leidet die ägyptische Wirtschaft periodisch unter extremen Devisenproblemen.

Abbildung 17: Entwicklung der Handelsbilanz

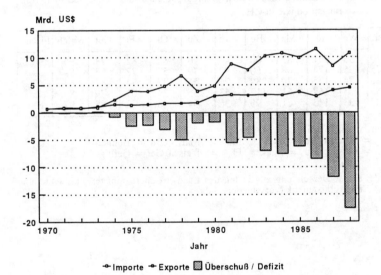

Quelle: eigene Darstellung aus Tabelle 4 im Anhang

---

32 z.B. Sorghum und Milchprodukte

Vor diesem Hintergrund stellt sich die - zunächst auf Agrarexporte bezogene - Frage, inwieweit die Exporteinnahmen die Nahrungsimporte finanzieren können.

Die Agrarexporte konnten bis 1973 die Nahrungsimporte finanzieren; 1970 etwa reichten 12 v.H. der Einnahmen aus Agrarexporten aus, die Nahrungsimporte abzudecken. 1975 überstieg der Wert der Nahrungsimporte erstmals den der Agrarexporte. Diese Tendenz blieb bestehen. 1988 konnten die Agrarexporte nur noch 18 v.H. der Nahrungsimporte finanzieren; die Nahrungsimporte betrugen somit 564 v.H. der Agrarexporte (vgl. Abbildung 18). Diese Entwicklung spiegelt sich im Saldo des Agraraußenhandels wider: Bis 1973 wies der Agrarsektor einen positiven Saldo des Außenhandels auf. Die Agrarexporte leisteten einen Beitrag zur Devisenbeschaffung und somit zur Verwirklichung der Entwicklungspläne des Landes[33].

Das Verhältnis des Wertes der Agrarimporte zu den gesamten Exporteinnahmen hat sich, der gezeigten Entwicklung entsprechend, deutlich verschlechtert. 1970 betrugen die Nahrungsimporte 36 v.H. der gesamten Exporte. 1988 überstieg der Wert der Nahrungsimporte die gesamten Einnahmen aus Güterexporten (einschließlich Erdöl); der relative Anteil betrug 121 v.H.

Abbildung 18: Entwicklung von Nahrungsimporten und Agrarexporten

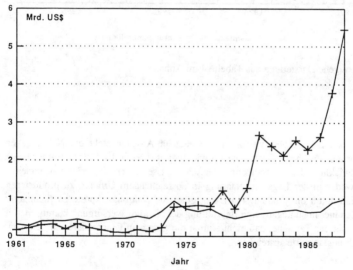

Quelle: eigene Darstellung aus Tabelle 4 im Anhang

---

33 Vgl. hierzu El-Mallah 1981:31ff.

Abbildung 19: Entwicklung von Nahrungsimporten und gesamten Güterexporten

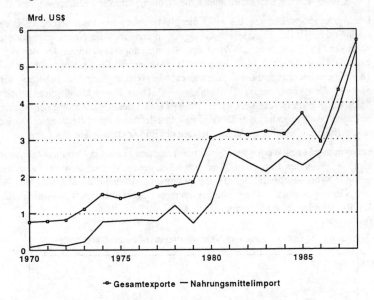

Quelle: eigene Darstellung aus Tabelle 4 im Anhang

Fazit

Trotz des relativ hohen Versorgungsniveaus in Ägypten steht die Nahrungsversorgung auf unsicherer Basis. Die Entwicklung des SVG der Nahrungsgüter sowie die Entwicklung des Agraraußenhandelssaldos lassen erkennen, daß der Agrarsektor heute weder in der Lage ist, Nahrung in ausreichendem Umfang zu produzieren, noch daß durch die produzierten Exportgüter die Nahrungsimporte zu finanzieren sind. Zu einer noch negativeren Beurteilung der Nahrungsversorgung kommt man in Anbetracht der Tatsache, daß nicht einmal die gesamten Güterexporte zur Deckung der Nahrungsimporte ausreichen.

5. Die Weizenversorgung in Ägypten: Analyse und Entwicklungstendenzen

Die Entwicklung der Weizenversorgung in Ägypten verhält sich im allgemeinen analog zu der Entwicklung der gesamten Nahrungsversorgung: Der Verbrauch weist im Zeitablauf eine stark steigenden Tendenz auf und kann durch eigene Produktion nicht gedeckt werden; die Folge ist eine zunehmende Weizenlücke, die durch Importe geschlossen wird. Von der Situation der allgemeinen Nahrungsversorgung zu unterscheiden ist die Versorgung im Hinblick auf Weizen, und zwar zum einen im Ausmaß der Lücke, zum anderen in seinem Beitrag an der gesamten Versorgung. Kein anderes Nahrungsprodukt ist für die Ernährung Ägyptens von so entscheidender Bedeutung, und bei keinem anderen Grundnahrungsmittel ist die Lücke so groß wie bei Weizen.

In den folgenden Abschnitten wird versucht, die Dimensionen der Versorgung, der Produktion, des Verbrauchs und der Importe zu analysieren und Entwicklungstendenzen aufzuzeigen.

5.1 Die Weizenproduktion

5.1.1 Anbau- und Ablieferungsvorschriften

Während des 2. Weltkrieges wurden sowohl Baumwollexporte als auch Weizenimporte Ägyptens verhindert. Auf Befehl der Militärregierung wurde 1942 zum erstenmal eine Weizenmindestanbaufläche festgesetzt, deren Höhe vom Anbaugebiet abhängig gemacht wurde. Preisanreize und Prämien für Weizenanbau haben zur Erreichung der angestrebten Produktionsziele beigetragen (Scobie 1983:21). Als sich im Jahre 1949 Ägypten als Importland am Internationalen Weizenabkommen beteiligt hatte, wurde dieses Gesetz wieder aufgehoben.

Nachdem im Jahre 1950 die Weizenanbaufläche stark zurückgegangen war, wurde erneut eine Mindestanbaufläche für Weizen per Gesetz vorgeschrieben; jedoch wiesen die Ergebnisse einen weitaus geringeren Erfolg auf als die Vorschriften des vorherigen militärischen Edikts (Rahman 1986:46). Eine Modifizierung des Gesetzes von 1951 fand im Rahmen des neu eingeführten staatlichen Anbauplanungssystems statt: Dieses schrieb einen Pflichtanbau von Weizen auf 23 v.H. der Flächen vor, und zwar unabhängig von den Gebieten. Zusätzlich mußte eine festgesetzte Menge Weizen an die neugegründeten staatlichen Genossenschaften abgeliefert werden, welche die Agrarkreditbank repräsentierten. Diese Menge war abhängig von der Bodenqualität der jeweiligen Anbaufläche (CAPMAS 1986:25).

Dieses Anbauplanungssystem war von Produktionsförderungsmaßnahmen begleitet, welche die Bauern zum Weizenanbau motivieren sollten (Nassr 1986:22).

1964 wurde dem Landwirtschaftsministerium die jährliche Gestaltung des Anbauplanes (und damit auch die der Weizenfläche) überantwortet, was bis heute Gültigkeit hat. Die Ablieferungspflicht wurde 1974 zunächst aufgehoben, da der Anteil des gelieferten Weizens an der gesamten Weizenversorgung unbedeutend gering wurde. Im Rahmen des Fünfjahresentwicklungsplanes 1982-1987 wurde die Ablieferungspflicht der vorgeschriebenen Weizenmenge wieder eingeführt, um jedoch 1987 erneut aufgehoben zu werden, was die Konzeptlosigkeit der Agrarpolitik deutlich illustriert.

Die Verletzung der Anbau- und Ablieferungsvorschriften ist seit 1967 mit einer Geldstrafe verbunden, die seit dieser Zeit konstant geblieben ist (Nassr 1986:21), wodurch sie infolge der inflationären Entwicklung an Bedeutung verloren hat und von den Landwirten immer häufiger ignoriert wird.

Neben der direkten Verpflichtung zum Weizenanbau brachte das Anbausystem auch einen indirekten Anbaueffekt mit sich: Die Landwirte bauen Weizen auf den für Baumwolle vorgesehenen Flächen an mit der Begründung, dieser sei für den eigenen Bedarf. Auf diese Weise können sie den äußerst unwirtschaftlichen Baumwollanbau umgehen, ohne eine Strafe befürchten zu müssen (Nassr 1986:21).

5.1.2 Die Ökonomik der Weizenproduktion

5.1.2.1 Die betriebswirtschaftliche Rentabilität

Die Rentabilität der Weizenproduktion in Ägypten ist stark von Staatsinterventionen abhängig. Neben der direkten Bestimmung des Erzeugerpreises, den die Genossenschaften an die Weizenanbauern zahlen (Ablieferungspreis), bestimmt der Staat indirekt das Preisniveau auf dem Weizenmarkt durch die allgemeinen Subventionen der Verbraucherpreise für Weizen und Weizenprodukte, die hauptsächlich aus den Importen bestehen. Demzufolge weicht der Marktpreis vom staatlichen Ablieferungspreis nur geringfügig ab (von Braun/deHaen 1983:48).

Die in Abbildung 20 gegenübergestellte Entwicklung des Erzeugerpreises[34] und die Produktionskosten pro Mengeneinheit Ardab von Weizen veranschaulichen die Nachteile dieser Preispolitik für die Weizenanbauer.

---

34 Wegen der Geringfügigkeit des abgelieferten Anteils der Ernte, der zwischen 1 % und 8 % betrug (Rizk 1990:4), wird der Ablieferungspreis in der weiteren Untersuchung nicht berücksichtigt. Der Marktpreis gilt hier als Erzeugerpreis.

Tabelle 8: Entwicklung der Preise und Produktionskosten pro Ardab von Weizen in E£

Jahr	Preis	Produktionskosten
1955	3,97	4,22
1956	3,98	4,08
1957	3,98	4,29
1958	3,98	4,20
1959	3,98	4,31
1960	3,97	4,12
1961	3,98	4,14
1962	3,98	3,93
1963	3,98	4,00
1964	4,38	3,98
1965	4,51	5,01
1966	4,90	5,16
1967	4,58	5,72
1968	4,81	5,58
1969	4,89	5,75
1970	5,77	5,11
1971	5,28	4,66
1972	5,23	4,69
1973	5,69	4,28
1974	7,00	5,16
1975	7,68	6,07
1976	7,04	6,93
1977	8,12	8,05
1978	10,16	9,43
1979	9,60	12,12
1980	13,20	15,60
1981	13,77	16,46
1982	12,26	17,90
1983	16,49	22,62
1984	18,56	25,76
1985	25,76	27,81
1986	33,74	30,77
1987	33,52	26,64
1988	35,61	28,78
1989	65,47	29,43

Quelle: Eigene Berechnung aus Daten des Landwirtschaftsministeriums, Abteilung für Agrarstatistik.

Die Entwicklung der Preis-Kosten-Relation (PKR) ermöglicht einen Vergleich im Zeitablauf (Abbildung 20). Daraus sind vier Phasen zu erkennen:

1. Von 1955-1969 lag der Ardabpreis des Weizens überwiegend unter den Produktionskosten. Nur in zwei Jahren überstieg der Preis geringfügig die Kosten. Die PKR betrug in diesem Zeitraum im Durchschnitt 0,94.

2. Von 1970-1978 deckte der Preis stets die Kosten. Innerhalb dieses Zeitraumes zeigten sich jedoch große Unterschiede der PKR; von 1970-1974 verbesserte sie sich kontinuierlich. Die Kosten wurden in dieser Phase durch Faktorpreissubventionen niedrig gehalten. Parallel dazu stiegen die Erzeugerpreise, insbesondere nach der massiven Steigerung des Weltmarktpreises für Weizen 1974. Ab Mitte der 70er Jahre konnte der Preis mit den steigenden Kosten nicht mehr Schritt halten, wobei die gestiegenen Löhne für den größten Teil des Kostenanstieges verantwortlich waren. Ein Rückgang des Erzeugerpreises 1976 hat zusätzlich zur Verschlechterung der PKR beigetragen. Der durchschnittliche Wert der PKR für diesen Zeitraum betrug 1,16.

3. Von 1979-1985 sank der Preis erneut unter die Kosten, was eine Fortsetzung der Tendenz, die 1976 begonnen hatte, bedeutet. Die PKR betrug in dieser Phase im Durchschnitt 0,79. Trotz der sehr niedrigen Relation ist der Weizenpreis im Jahr 1985 deutlich gestiegen; dies markiert den Beginn einer Neuorientierung der Weizenpolitik: Als Reaktion auf den starken Rückgang der Weizenanbaufläche 1984 und die stets steigenden Weizenimporte rückte die Frage der Weizenversorgung zunehmend in den Mittelpunkt der Interessen. Die Förderung des Weizenanbaues wurde das Ziel der Agrarpolitik.

4. Von 1986-1989 stieg der Preis in immer größerem Maße über die Kosten, was als Folge der Förderung des Weizenanbaus anzusehen ist. 1989 wies die PKR einen Höchstwert von 2,23 auf; ihr durchschnittlicher Wert für diesen Zeitraum beträgt 1,46 was ebenfalls als durchschnittlicher Höchstwert der betrachteten Phasen anzusehen ist.

Abbildung 20: Entwicklung der Preis-Kosten-Relation pro Ardab von Weizen

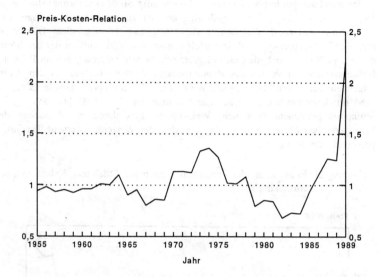

Quelle: Eigene Berechnung nach Tabelle 21 im Anhang

Daß auch in den Jahren, in denen der Weizenpreis keine Kostendeckung ermöglichte, Weizen angebaut wurde, ist nicht allein auf die Anbauvorschriften zurückzuführen. Tradition und Deckung des eigenen Bedarfs waren bis Mitte der 70er Jahre wichtige Motive für den Weizenanbau. Dabei umfaßte der Eigenbedarf nicht nur den Bedarf an Weizenmehl, sondern auch an Weizenstroh, das als wichtiges Sommerfutter diente. Was über den Eigenbedarf hinausging, wurde auf dem Markt verkauft. Weizenstroh sorgte somit für einen positiven Deckungsbeitrag, auch dann, wenn der Weizenpreis unter dem kostendeckenden Niveau lag.

Die Bedeutung von Weizenstroh für die betriebliche Entscheidung über Weizenanbau nahm seit Mitte der 70er Jahre zu, zum einen deshalb, weil die bisherigen Hauptmotive für den Weizenanbau, Tradition und Deckung des Eigenbedarfs, an Bedeutung verloren: Mit dem gesellschaftlichen Wandel nahm die Bedeutung der Tradition an der Gestaltung wirtschaftlicher und sozialer Entscheidungen allgemein ab[35]. Zum anderen wurden zunehmend die Dörfer mit stark subventioniertem Weizenmehl aus den Importen versorgt. Gegenläufig wirkte eine sprunghafte Steigerung des Strohpreises. Diese ergab sich aus der zunehmenden Nachfrage nach tierischen Produkten, da Weizenstroh als wichtigstes Futtermittel dient. Die Steigerung des Weizenpreises stand demzufolge in keinem Verhältnis zu der des Strohpreises. 1978 ergab sich die (auch ökonomisch) bizarre Situation, daß der Preis des Nebenproduktes Stroh den des Hauptproduktes Weizen überstieg. In den darauf folgenden drei Jahren überstieg der Weizenpreis den Strohpreis, konnte jedoch ab 1981 mit letzterem wieder nicht mehr Schritt halten. Von 1981 bis 1985 lag der Strohpreis permanent über dem Weizenpreis. Erst durch die Anhebung des Erzeugerpreises Mitte der 80er Jahre überstieg der Weizenpreis erneut den Strohpreis (vgl. Abbildung 21).

Abbildung 21: Entwicklung der Preise von Weizen pro Ardab und Weizenstroh pro Bushel in E£

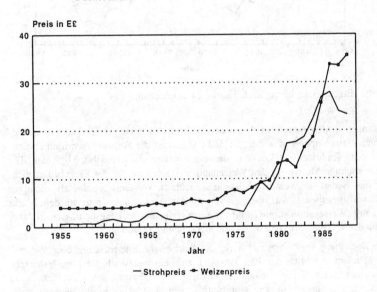

Quelle: eigene Berechnung nach Tabelle 7 im Anhang

Wie sich diese Entwicklung auf die betriebswirtschaftliche Rentabilität des Weizenanbaues auswirkte, illustriert Abbildung 22.

---

35 Zu Öffnungspolitik und Auswanderung der Landbevölkerung vgl. Kap.3.3.5.

Abbildung 22: Entwicklung des Deckungsbeitrages von Weizen mit und ohne Berücksichtigung der Nebenprodukte in E£

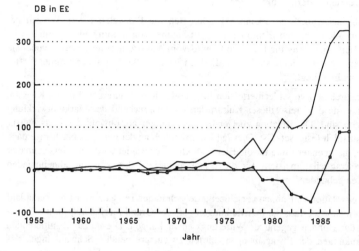

Quelle: eigene Darstellung nach Tabelle 8 im Anhang

Daraus ist zu erkennen:
1. Der Weizenanbau erbrachte im gesamten Betrachtungszeitraum einen positiven Deckungsbeitrag.
2. In vielen der untersuchten Jahre konnte der positive Deckungsbeitrag erst durch den Ertrag aus Weizenstroh realisiert werden.
3. Der Anteil des Weizenstrohs am gesamten Deckungsbeitrag nahm tendenziell zu.

5.1.2.2 Die Preisrelationen zwischen Weizen und konkurrierenden Agrarprodukten

Die wichtigsten Agrarprodukte, die in der Wintersaison mit Weizen auf der Anbaufläche konkurrieren[36], sind Klee, Baumwolle, Bohnen, Gerste und Winter-

---

36 Vgl. Abbildung 8.

gemüse[37]. Anhand eines jeweiligen Durchschnitts einer Zeitspanne von fünf Jahren wird in Tabelle 9 die Entwicklung der Preisrelationen von Weizen und den anderen vorgenannten Agrarprodukte dargestellt.

Wie aus der Tabelle zu erkennen ist, hat sich die Preisrelation von Weizen gegenüber allen anderen Kulturen mit Ausnahme von Baumwolle deutlich verschlechtert. Der Preis für Baumwolle wird vom Ministerium festgesetzt, wobei sie als Exportkultur einer starken indirekten (wechselkursregimebestimmten) Besteuerung unterliegt.

Die Preisrelation verschlechterte sich im Vergleich zu Wintergemüse und Klee am stärksten, da die Preise dieser Kulturpflanzen entsprechend der Marktentwicklung gestiegen sind. Die Relation zu Gerste sank weniger ab, obwohl der Preis hierfür nicht staatlich festgesetzt ist. Dies lag hauptsächlich an der geringen Nachfrage nach Gerste, die in erster Linie für die Bierproduktion verwendet wird. Die Gersteanbauer sind vertraglich - meistens für die Dauer mehrerer Jahre - an die abnehmenden Fabriken gebunden.

Die Preisrelation zu Bohnen verschlechterte sich in der Tendenz, weist im Zeitablauf jedoch mehrere erratische Schwankungen auf; der Grund hierfür liegt in der Sensibilität der Bohnen gegenüber Witterungsschwankungen. Die daraus resultierenden Schwankungen der Ertragsmengen führten zu entsprechenden Schwankungen des Bohnenpreises.

Tabelle 9: Entwicklung der Preisrelation zwischen Weizen und konkurrierenden Kulturpflanzen

Jahr	Weizen/ Baumw.	Weizen/ Gerste	Weizen/ Bohnen	Weizen/ Klee	Weizen/ Wintergem.
1955-59	0,29	1,60	0,80	0,42	0,63
1960-64	0,28	1,54	0,59	0,41	0,31
1965-69	0,30	1,40	0,66	0,27	0,22
1970-74	0,29	1,24	0,65	0,29	0,19
1975-79	0,25	1,20	0,46	0,20	0,14
1980-84	0,24	1,14	0,39	0,17	0,16
1985-89 [38]	0,30	0,95	0,51	0,17	0,15

Quelle: Eigene Berechnung nach Zahlen des Landwirtschaftsministeriums, Abt. für Agrarstatistik.

---

37 Der Begriff Wintergemüse umfaßt eine Vielzahl von Gemüsesorten, die hier zu einer Gruppe zusammengefaßt sind und für die ein durchschnittlicher Preis zugrundegelegt wird.
38 Für Weizen/Baumwolle, Weizen/Gerste und Weizen/Wintergemüse setzt sich der Durchschnitt nur aus Angaben der Jahre 1985-87 zusammen.

5.1.2.3 Protektion der Weizenproduktion

Durch die oben beschriebene Preispolitik für Weizen wurde der Erzeugerpreis von der Weltmarktpreisentwicklung weitgehend abgekoppelt. Die relative Stabilität des Inlandpreises war je nach Art der Schwankungen auf dem Weltmarkt mit Schutz oder Besteuerung des Weizenanbaus verbunden. Die Entwicklung des Verhältnisses beider Preisarten kann für die Zeitspanne von 1955 bis 1989 allgemein in drei Phasen aufgeteilt werden (vgl. Abbildung 23).

Abbildung 23: Entwicklung des Erzeuger- und Weltmarktpreises von Weizen in E£

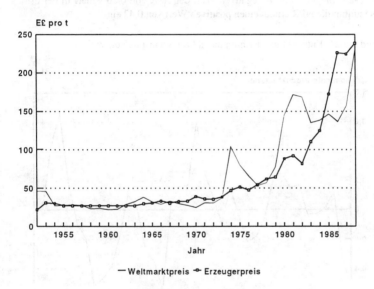

Quelle: eigene Darstellung nach Tabelle 6 im Anhang

In der Zeit von 1955-1973 lag der Erzeugerpreis überwiegend über dem Weltmarktpreis, wobei sich die Differenz in engen Grenzen hielt. Mit der sprunghaften Steigerung des Weltmarktpreises 1974 hat sich das Verhältnis jedoch geändert, da keine ausreichende Anpassung des Erzeugerpreises realisiert wurde.

Mit der neuen Wirtschaftspolitik des Jahres 1974 und der Anlehnung Ägyptens an westliche Muster erhielt das Land zunehmende Mengen von Nahrungsmittelhilfe, die hauptsächlich aus Weizen und Weizenmehl bestand. Auch die kommerziellen Weizenimporte stiegen. Die Vernachlässigung der eigenen Produktion zeigt sich in der Tatsache, daß der Erzeugerpreis von 1974-1984 (mit nur zwei Ausnahmen) ständig unter dem Importpreis lag, was eine indirekte Besteuerung des Weizenanbaus bedeutete.

Mit der Erhöhung der Erzeugerpreise Mitte der 80er Jahre begann die dritte Phase; seitdem liegt der Inlandspreis über dem Weltmarktpreis.

Die Ergebnisse aus den Berechnungen der nominalen Protektionsrate[39] dieser drei Phasen entsprechen der beschriebenen Entwicklung (vgl. Abbildung 24). Der durchschnittliche Wert der NPR von 1955-1973 beträgt 0,08, was auf eine Tendenz zum Schutz des Weizenanbaus hindeutet. Die hohe Besteuerung des Weizenanbaus von 1974-1984 spiegelt sich im negativen Wert der NPR von 0,26 wider. In der dritten Phase nimmt die NPR erneut einen positiven Wert von 0,42 ein.

Abbildung 24: Entwicklung der nominalen Protektionsrate von Weizen

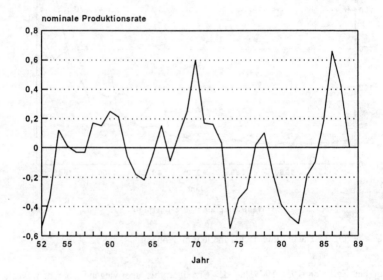

Quelle: eigene Darstellung nach Tabelle 6 im Anhang

---

[39] Ein Maßstab zum Schutze der eigenen Produktion gegenüber dem Weltmarkt, wobei ein negativer Wert auf indirekte Besteuerung hindeutet.

$$NPR = \frac{Inlandspreis - Weltpreis}{Weltpreis}$$

5.1.3 Die Entwicklung der Weizenproduktion

Für die Entwicklung der Weizenproduktion sind zwei Determinanten entscheidend: Die Veränderung der Produktivität pro Flächeneinheit sowie die Variation der Anbaufläche.

Die Weizenproduktivität war Anfang der 50er Jahre trotz (noch) hochwertiger Bodenqualität relativ niedrig. Dies lag an den einfachen Produktionsmethoden, bedingt durch jahrhundertealte Traditionen. Die Ausweitung der staatlichen Kooperationen, die den Landwirten einen Zugang zu Beratung und modernen Betriebsmitteln ermöglichte, zeigte eine positive Auswirkung auf die Weizenproduktivität. Die Verbesserung der angebauten Sorten durch neue Züchtungen spielte dabei die Schlüsselrolle.

Der Erfolg dieser Bemühungen wurde von entgegenwirkenden Faktoren beeinträchtigt: Die Verschlechterung der Bodenfruchtbarkeit und die in den 70er Jahren auftretende Knappheit an erfahrenen landwirtschaftlichen Arbeitskräften wirkten sich auf die Produktivität aller Kulturen, auch auf die Weizenproduktivität, negativ aus. Ein weiterer Faktor, der speziell auf die Weizenproduktivität einwirkte, war das entstandene Mißverhältnis zwischen Weizen- und Strohpreisen. Die Folge der höheren Nachfrage nach Stroh in Relation zum Kornertrag war, daß die Bauern den Anbau von Weizensorten ablehnten, die mehr Korn und weniger Stroh einbrachten. Um den Anteil des Strohs an der Ernte zu vergrößern, wurde das Dreschen absichtlich nachlässig durchgeführt.

Im Endeffekt konnten die positiven Faktoren die negativen jedoch überkompensieren. Die Flächenproduktivität von Weizen zeigte von 1952-1989 eindeutig steigende Tendenz (vgl. Abbildung 25). Die durchschnittliche Produktivität der vier Dekaden beträgt in chronologischer Reihenfolge 0,935, 1,08, 1,36 und 1,644 t pro Feddan. Die Produktivität von 1989 (2,067 t pro Feddan) beträgt 166 % der von 1952 (0,777 t pro Feddan).

Abbildung 25: Entwicklung der Flächenproduktivität von Weizen in t/Feddan

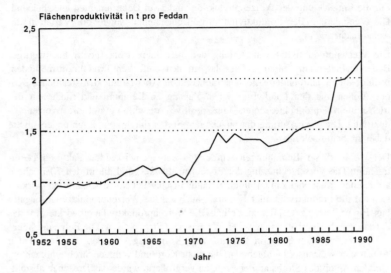

Quelle: eigene Darstellung nach Tabelle 10 im Anhang

Die Bandbreite der Veränderung der Anbaufläche ist viel begrenzter, als es bei der Produktivitätsentwicklung zu beobachten ist (vgl. Abbildung 26). Die Weizenfläche ist ein Ergebnis der Anbauvorschriften und der Rentabilitätsüberlegungen auf Betriebsebene. Da die Rentabilität auch von Staatseinflüssen bestimmt wird, reflektiert die Weizenfläche in großem Maße die Orientierung der Agrarpolitik. So stieg die Fläche unmittelbar nach der Revolution von 1952 und der darauf folgenden Agrarreform, um das neue System durch hohe eigene Versorgung zu stabilisieren. Die Anbaufläche stieg 1952 von 1.402.000 Feddan auf 1.790.000 und auf 1.795.000 Feddan in den folgenden zwei Jahren. Mit der relativen Normalisierung der politischen Lage ab Mitte der 50er Jahre ging die Fläche auf 1.523.000 Feddan zurück.

Abbildung 26: Entwicklung der Weizenanbaufläche in Feddan

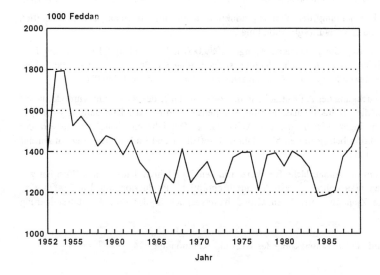

Quelle: eigene Darstellung nach Tabelle 22 im Anhang

Die Industrialisierungspläne ab Mitte der 50er Jahre erhöhten den Importbedarf Ägyptens. Um die zunehmenden Importe finanzieren zu können, wurde der Anbau der Hauptexportkulturpflanze Baumwolle auf Kosten des Weizenanbaus gefördert. Demzufolge nahm die Fläche in der zweiten Hälfte der 50er Jahre weiter ab, die durchschnittliche Anbaufläche für Weizen lag in den 50er Jahren bei 1.515.000 Feddan. Die Reduzierung der Anbaufläche wurde in den 60er Jahren weiter fortgeführt: Die durchschnittliche Fläche lag bei 1.327.000 Feddan. Trotz der relativ starken jährlichen Schwankungen blieb der Durchschnittswert in den 70er Jahren fast unverändert. Von 1981 bis 1984 sank die Fläche stets ab und erreichte 1984 1.178.000 Feddan. Die Steigerung der Erzeugerpreise sowie die Produktivitätssteigerung in der zweiten Hälfte der 80er Jahre führten zu einer positiven Veränderung. Von 1985 bis 1989 nahm die Fläche kontinuierlich zu und erreichte 1989 1.533.000 Feddan. Der Durchschnittswert der 80er Jahre lag somit bei 1.332.000 Feddan.

Da die gesamte Anbaufläche in Ägypten während des Betrachtungszeitraumes gestiegen ist, sanken die relativen Anteile der Weizenfläche noch stärker als die absoluten Werte.

In den vier Dekaden 1952-1989 betrug der durchschnittliche Anteil der Weizenfläche an der gesamten Anbaufläche: 14,9[40] v.H., 12,7 v.H., 12,1 v.H. und 11,8 v.H. Die Entwicklung der Weizenproduktion nahm im allgemeinen einen deutlich steigenden Verlauf (vgl. Abbildung 27). 1952 betrug die produzierte Menge 1.089.000 t. Da 1953 und 1954 sowohl Produktivität als auch Fläche deutlich stiegen, ging die Produktion in diesen beiden Jahren besonders in die Höhe und erreichte 1.547.000 sowie 1.729.000 t.

Der Rückgang der Anbaufläche in der zweiten Hälfte der 50er Jahre wurde teilweise durch die Produktivitätssteigerung kompensiert, so daß der Rückgang der Produktion geringer war als der der Anbaufläche. Der jährliche Durchschnittswert der Produktion betrug in den 50er Jahren 1.460.000 t und sank in den 60er Jahren auf 1.434.000 t.

Obwohl die Anbaufläche für Weizen in den 70er Jahren den gleichen Wert hat wie in den 60er Jahren, weist die durchschnittliche Produktion mit 1.806.000 t eine starke Zunahme auf, deren Grund hauptsächlich in der Produktivitätssteigerung liegt.

Abbildung 27: Entwicklung der Weizenproduktion in t

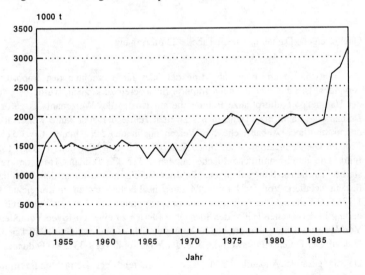

Quelle: eigene Darstellung nach Tabelle 11 im Anhang

---

40 Durchschnittswert von 1952 und 1957

Der deutliche Rückgang der Anbaufläche in der ersten Hälfte der 80er Jahre wurde teilweise durch Produktivitätssteigerung ausgeglichen. Mit gleichzeitiger Steigerung von Anbaufläche und Produktivität ab 1985 erhöhte sich die Produktion kontinuierlich. Durch die sprunghafte Steigerung der Flächenproduktivität 1987 übertraf die Weizenmenge mit 2.709.000 t die Werte des gesamten untersuchten Zeitraumes; diese Steigerungswerte blieb auch in den darauf folgenden zwei Jahren bestehen: 1989 wies die Produktion einen Höchstwert von 3.169.000 t auf. Der durchschnittliche Produktionswert lag in den 80er Jahren bei 2.204.000 t.

Abbildung 28: Entwicklung der Indexzahlen von Flächenproduktivität, Fläche und Produktion von Weizen

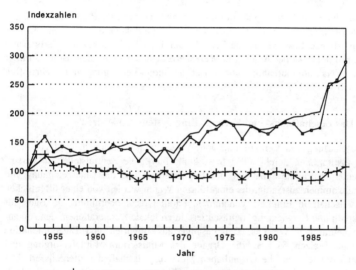

Quelle: eigene Darstellung nach Tabelle 10, 15 und 22 im Anhang

Die Entwicklung der Indexzahlen für Flächenproduktivität, Fläche und Produktion von Weizen ermöglicht einen Vergleich des Entwicklungsverlaufes dieser Größen. In Abbildung 28 ist zu erkennen, daß die Produktionsentwicklung im wesentlichen auf die Änderung der Flächenproduktivitäten zurückzuführen ist.

5.2 Der Weizenverbrauch

5.2.1 Die Bedeutung des Weizens für die Ernährung

Seit alters her ist Weizen das Grundnahrungsmittel in Ägypten[41], er bildet auch heute noch die Basis der Ernährung. Beinahe alle ägyptischen Speisen werden mit Brot kombiniert, dessen hauptsächlicher Bestandteil Weizen ist. Die Anteile des Weizens an der Nährstoffzufuhr sind entsprechend hoch. Mit 70 v.H. (Rizk 1989:1) der Kalorienaufnahme stellen die Weizenprodukte die wichtigste Energiequelle der Bevölkerung dar.

Auch in der Eiweißversorgung nimmt Weizen eine zentrale Rolle ein. 45 % der gesamten Eiweißversorgung stammen aus Weizenprodukten, die wiederum 52 v.H. des pflanzlichen Eiweißes ausmachen (Abduh 1989:1). Je ärmer die Verbraucher sind, umso höher ist der Anteil von Weizenerzeugnissen - vor allem Brot - an ihrer gesamten Nahrungsaufnahme und somit an ihrer Versorgung mit Nährstoffen (Shughrab 1983:612).

5.2.2 Das Beschaffungs- und Vermarktungssystem von Weizen

Die Beschaffung und Vermarktung von Weizen und Weizenmehl wird von staatlichen Institutionen durchgeführt bzw. kontrolliert. Die Zentralstelle für Versorgungsgüter ist für die Schätzung des Importbedarfs und die Unterzeichnung von Importabkommen zuständig; die eingeführten Waren werden von einer öffentlichen Silogesellschaft in Empfang genommen. Parallel dazu übernimmt die Bank für Agrarkredit und Entwicklung, repräsentiert durch lokale Kooperationen, den Ankauf des einheimischen Weizens. Der gesamte aus Importen und Eigenproduktion verfügbare Weizen wird an die Organe des Ministeriums für Versorgung und Binnenhandel resp. an die Öffentlichen Mühlengesellschaften weitergeliefert. Das Mehl wird von dort nach festgesetzten Kontingenten an Bäckereien, Mehlkleinhändler und Lebensmittelindustrien (vor allem Nudelfabriken) verteilt (vgl. Abbildung (?)). Diese erhalten das Mehl zum Subventionspreis, der nach Empfänger und Verwendungszweck differenziert wird.

---

41 Die in der Bibel und im Koran erwähnte Geschichte von Josef kann dies bestätigen: Josef wird hier "Herr des Brotes" und "Ernährer" genannt. In Gebeten der alten Ägypter wurde ihm dafür gedankt, daß er diese durch seine "Weizenpolitik" während harter Hungersnöte gerettet hatte. Der hohe Stellenwert des Weizens wird auch auf antiken Papyrusrollen und in Grabmalereien verdeutlicht (vgl. Mann 1984:128-129).

Abbildung 29: Das Beschaffungs- und Vermarktungssystem von Weizen und Weizenmehl

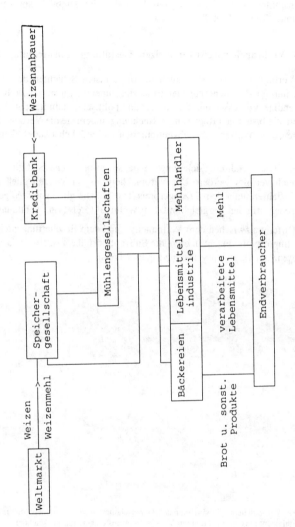

Quelle: eigene Darstellung aus Informationen d. CAPMAS (d)

Der Endverbraucher erhält Mehl in begrenzten Mengen, Brot und teilweise Nudeln zu festgesetzten Preisen. Die Preise anderer Bäckereiprodukte und Waren der Lebensmittelindustrie werden vom Hersteller im Hinblick auf Marktsituationen bestimmt (Tawfik 1990:8).

5.2.3 Verbraucherpreise für Weizen: Gestaltung - Entwicklung - Problematik

Die Verfügbarkeit von Brot auch für die ärmsten Schichten der Bevölkerung ist nicht nur für die Sicherung der Ernährung unentbehrlich, sie stellt vielmehr eine notwendige Voraussetzung für soziale und politische Stabilität dar. Dieser Tatsache trugen alle bisherigen Regierungen Rechnung, indem sie die Verbraucherpreise[42] für Weizen bzw. Weizenmehl subventionierten und möglichst stabil hielten (von Braun 1983).

Beide Ziele - Nahrungssicherung sowie sozial-politische Stabilität - konnten erfolgreich verfolgt werden. Der Verbraucherpreis für Weizen blieb in den letzten vierzig Jahren unter dem Erzeugerpreis. Das gleiche gilt - von wenigen Ausnahmen abgesehen - für den Vergleich mit dem Weltmarktpreis (vgl. Abbildung 30).

Die Differenz zwischen dem Verbraucher- und dem Beschaffungspreis[43] (Erzeuger- bzw. Importpreis) macht in etwa die Subventionshöhe aus. Bis 1973 hielt sich diese Differenz auf vergleichsweise niedrigem Niveau.

---

42 Als Verbraucherpreis wird hier der Durchschnitt der verschiedenen Mehlpreise (in Weizenäquivalent umgerechnet und um Verarbeitungskosten bereinigt) bezeichnet.
43 Zum Beschaffungspreis kommen Transport- und Verwaltungskosten hinzu. Die genaue Höhe der Subvention ergibt sich aus der Differenz zwischen den gesamten Kosten, die der Staat pro t Weizen zu tragen hat und dem Preis, den der Verbraucher zahlen muß.

Abbildung 30: Entwicklung von Verbraucher-, Erzeuger- und Weltmarktpreis in E£

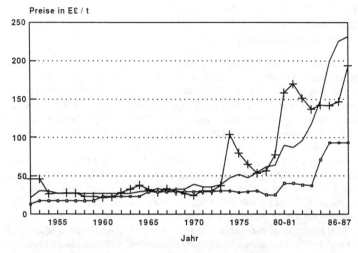

-o- Verbraucherpreis — Erzeugerpreis + Importpreis

Quelle: eigene Darstellung nach Tabelle 6 im Anhang

Der Verbraucherpreis pro t Weizen blieb immer über mehrere Jahre unverändert. So lag er von 1953 bis 1959 bei 17,2 E£, stieg 1960 auf 23,0 E£ und behielt bis 1964 sein Niveau. Nach einer weiteren Steigerung 1965 erreichte der Preis 29,0 E£ und blieb bis 1972 unverändert. Von 1973 bis 1977 schwankte der Preis nur geringfügig zwischen 28,0 und 30,0 E£. Der Importpreissprung 1974 und die stets steigende Menge des Weizenverbrauchs machten aus der Verbrauchersubvention trotz der zunehmenden Nahrungsmittelhilfe eine wachsende Belastung des Staatshaushalts. 1978-79 milderte ein Rückgang des Importpreises vorübergehend dieses Problem. Die Abwertung der ägyptischen Währung (E£) 1979 führte zu einer drastischen Erhöhung des Importpreises, womit die Suventionsbelastung sprunghaft stieg. Eine Erhöhung des Verbraucherpreises war unvermeidlich. Der Preis stieg 1980-81 entsprechend von 24,7 auf 40,0 E£ und blieb ein weiteres Jahr auf diesem Stand. Ein Rückgang des Importpreises brachte in den darauf folgenden zwei Jahren eine Senkung des Verbraucherpreises mit sich, er lag 1983-84 bei 37,0 E£.

Mit Einwilligung der ägyptischen Regierung in die vom Internationalen Währungsfond empfohlenen Strukturmaßnahmen, die eine Senkung bzw. Abschaffung auch der Subventionen für Nahrungsmittel vorsahen, stieg der Preis 1984-85 zunächst auf 71,0 E£, dann auf 93,0 E£ im Jahr 1985-86. Eine weitere Steigerung des Verbraucherpreises wurde seitens der Regierung unter Verweis auf die bestehenden Einkommensverhältnisse gegenwärtig als für die Verbraucher unzumutbar bezeichnet. Der Preis blieb bis 1988 unverändert.

Die Verbraucherpreispolitik unterscheidet zwischen zwei Mehlsorten:

- Mehl zu 82 v.H. Ausmahlungsgrad wurde seit dem 2. Weltkrieg permanent subventioniert. Aus diesem Mehl wird das am meisten verbrauchte Fladenbrot "Balady" hergestellt. Die staatlich anerkannten Brotbäckereien erhalten die zugeteilte Mehlmenge zu dem niedrigen Subventionspreis, wobei Gewicht, Qualität und Preis des von ihnen produzierten Brotes vorgeschrieben und von Beamten kontrolliert werden. Der Brotpreis wird nur sehr begrenzt und in zeitlich großen Abständen erhöht.

Mit der hohen Inflationsrate seit Mitte der 70er Jahre, die zu rapide steigenden Produktionskosten der Bäckereien führte, wurde die Produktion von Brot immer weniger rentabel und schließlich nicht einmal kostendeckend; diese These wird auch dadurch bestätigt, daß selbst Staatsbäckereien jährliche Verluste in Millionenhöhe aufwiesen (Rizk 1989, S. 18)

Der Staat konnte (und kann) aber weder den Brotpreis ausreichend erhöhen noch das Mehl für die Bäckereien stärker subventionieren: während die zu erwartenden sozialen und politischen Folgen[44] eine weitere Brotpreiserhöhung ausschließen, macht der überbelastete, defizitäre Staatshaushalt größere Subventionen unmöglich. Die privaten Bäckereien suchten einen Ausweg aus diesem Dilemma, indem sie das Brotgewicht eigenmächtig reduzierten und die zur Herstellung notwendigen Arbeitsvorgänge drastisch kürzten, was zu einer starken Verschlechterung der Brotqualität geführt hat. Dieses illegale Handeln wird kaum ernsthaft verfolgt und bestraft. Eine weitere, ebenfalls illegale Gewinnquelle der Brotbäckereien besteht im Weiterverkauf ihrer Mehlkontingente zu einem höheren Preis. Mögliche Abnehmer sind Verbraucher, Konditoreien und Produzenten tierischer Erzeugnisse, die das Mehl als Futtermittel verwenden. Zu letzterem Zweck wird auch das fertige Brot zu einem höheren Preis von den Bäckereien direkt an Viehzüchter abgeliefert, denn nicht nur Weizen und Mehl, sondern auch Brot ist wesentlich billiger als herkömmliche Futtermittel.

- Die zweite gebräuchliche Mehlsorte ist das als "Luxusmehl" bezeichnete mit einem Ausmahlungsgrad von 72 v.H.. Es stammt größtenteils aus Importen. "Luxusmehl" wurde bis 1973 im allgemeinen nicht subventioniert, zeitweise hat der Staat von seinem Verkauf profitiert. Seit 1974 wird auch dieses Mehl subventioniert, jedoch in sechs verschiedenen Stufen, die von Empfänger und Verwendungszweck abhängig sind.

---

44 Die großen Unruhen von 1977, auch "Brotaufstand" genannt, sind ein Beispiel für die möglichen Folgen einer von der Bevölkerung nicht akzeptierten Brotpreiserhöhung.

Diese Verbraucherpreispolitik führte zur Entstehung eines Schwarzmarktes für Weizenmehl, auf dem das an einen bestimmten Zweck gebundene und deshalb stark subventionierte Mehlkontingent zu höheren Preisen für andere Verwendungszwecke verkauft wird, deren Subventionsgrad niedriger ist.

5.2.4 Die Entwicklung des Weizenverbrauchs

Die Entwicklung des Weizenverbrauchs wies stark steigende Tendenzen auf (vgl. Abbildung 31). Verglichen mit dem Jahr 1952 stieg der Weizenverbrauch 1988-89 von 1,81 Mio. t auf 10 Mio. t; dies bedeutet einen Zuwachs von 456 v.H. Im gleichen Zeitraum stieg die Bevölkerungszahl um 140 v.H., woraus sich schließen läßt, daß die starke Zunahme des Weizenverbrauchs nicht allein auf das Bevölkerungswachstum zurückzuführen ist. Die Entwicklung des Pro-Kopf-Verbrauchs verdeutlicht diesen Tatbestand. Dieser betrug im Durchschnitt in den 50er Jahren 91,7 kg pro Jahr. Mit einer Steigerung von 19 v.H. lag der Durchschnitt der 60er Jahre bei 109 kg. Der Wert stieg in den 70er Jahren um 28 v.H. und in den 80er Jahren weiter um 29 v.H., der durchschnittliche Verbrauch lag somit bei 139,8 kg und 180,7 kg.

Abbildung 31: Entwicklung des Weizenverbrauchs in t

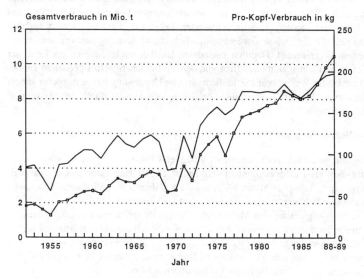

Quelle: eigene Darstellung nach Tabelle 14 im Anhang

Der Pro-Kopf-Verbrauch im Zeitraum 1988-89 erreichte 197 kg. Verglichen mit dem Wert von 1952 (84,2 kg) bedeutet dies eine Steigerung von 134 v.H.

Da Weizenprodukte, hierbei hauptsächlich Brot, zu den relativ inferioren Gütern zählen, kann dieses Ausmaß der Verbrauchssteigerung nicht als Folge einer Einkommenssteigerung angesehen werden. Die Validitätsanalyse einer Vielzahl von geschätzten Einkommenselastizitäten für Weizenprodukte ergab, daß alle nicht signifikant sind[45]. Dies deutet darauf hin, daß andere Faktoren für den gestiegenen Verbrauch verantwortlich sind.

Eine statistisch-empirisch abgesicherte Erklärung der Steigerung des Weizenverbrauchs ist bis heute nicht vorhanden. Mehrere Studien und amtliche Aussagen weisen folgende Faktoren als Ursachen dieser Verbrauchssteigerung aus (Abd-El-Ghaffar 1989, Abduh 1989, CAPMAS 1986, Rilan 1989, Rizk 1989):

1. Die Substituierung von Maisbrot durch Weizenbrot.

Die Verwendung von Maismehl (allein oder mit Weizenmehl gemischt) stellte bis Mitte der 70er Jahre die Regel für die Brotherstellung in ländlichen Gebieten dar. Mit der zunehmenden Landflucht und Verstädterung der Bevölkerung hat sich eine große Zahl der Maisbrotverbraucher auf Weizenbrot umgestellt. Selbst in vielen ländlichen Gebieten änderte sich das Konsummuster auf ähnliche Weise wie in den Städten. Zum einen lag dies am sozialen Wandel, da Weizenbrot ein Zeichen der modernen, erstrebenswerten Lebensart darstellt(e); zum anderen erhielten die ländlichen Gebiete allmählich eigene Kontingente von subventioniertem Weizenmehl. Dadurch entstanden Dorfbäckereien, die es bis Ende der 60er Jahre nicht gab, da das Brot von den Verbrauchern selbst gebacken wurde. Das gekaufte Weizenbrot macht die mühsame Herstellung von selbstgebackenem Mais- bzw. Mischbrot nicht nur überflüssig, sondern ist durch die Subvention auch preiswerter.

2. Die Verwendung von Weizen und Weizenprodukten als Futtermittel

Obwohl gesetzlich verboten, ist es alltägliche Praxis in Ägypten, Weizenmehl oder -brot als Tierfuttermittel zu verwenden. Dieser Tatbestand taucht zwar offiziell in keiner Statistik auf, ist dennoch allgemein bekannt. Eindeutige Indizien belegen diese illegalen Handlungen:
- Trotz der ausreichenden Mehlmenge, die den Brotbäckereien zugeteilt wird, treten Brotknappheiten immer öfter auf. Käuferschlangen beim Brotverkauf stellen in vielen Gebieten die Regel dar. Dies wäre nicht der Fall, wenn die gesamte vorhandene Mehlmenge zu Brot verarbeitet würde bzw. wenn das gesamte produzierte Brot den Verbrauchern zukäme.

---

45 z.B.: Mustafa 1981:16, Abd El-Rahman 1986:64, Rihan 1989, Shugrab 1973:39

- Der Umfang der Tierproduktion übersteigt die gesamte an sich vorhandene Futterkapazität. Würden Weizen und Weizenprodukte diese Lücke nicht schließen, wäre die Aufrechterhaltung des derzeitigen Umfanges der Tierproduktion nicht möglich.
- Schließlich sind in einer Vielzahl der Fälle die Ermittlungsverfahren gegen Händler erfolgreich gewesen,die subventioniertes Mehl und Brot an Tierzüchter und Hühnerfarmen illegal verkauft haben.

3. Brotverluste im Haushalt

Die sich verschlechternde Brotqualität[46] führt dazu, daß ein Teil des gekauften Brotes ungenießbar ist. Regelmäßig landet ein Teil des Brotes auf den Abfall. Dieser Zustand verschärft sich durch die Schwierigkeiten, die mit dem Brotkauf verbunden sind (Gedränge und lange Warteschlangen). Um diese Mühen zu verringern, neigen die Konsumenten dazu, mehr Brot zu kaufen als tatsächlich gebraucht wird. Da eine geeignete Möglichkeit zur Aufbewahrung und zum Auffrischen des Brotes nicht immer gegeben ist, wird regelmäßig ein Teil des auf Vorrat gekauften Brotes ungenießbar, auch wenn es ursprünglich eine relativ gute Qualität besaß. Nicht zuletzt führt ein trivial anmutender Faktor dazu, mehr Brot als nötig zu kaufen: wegen des Mangels an Wechselgeld - vor allem Münzen - neigt der Käufer dazu, mehr Brot zu kaufen, um nicht auf sein Wechselgeld verzichten zu müssen.

5.3 Weizenlücke und Weizenimporte

5.3.1 Entwicklung der Weizenlücke

Mit dem Begriff "Weizenlücke" wird die Diskrepanz zwischen Weizenverbrauch und Weizenproduktion innerhalb eines Jahres bezeichnet.

Für Ägypten ist seit dem 2. Weltkrieg beinahe ununterbrochen eine Weizenlücke festzustellen. Im Zeitraum von 1952 bis 1989 überstieg die Produktion nur in zwei Jahren den Verbrauch. Da die Entwicklung der Weizenproduktion mit der des Verbrauchs nicht schritthalten konnte, wurde die Schere zwischen beiden immer breiter, die Weizenlücke nahm tendenziell zu.

Ein entscheidendes Kriterium für das Ausmaß der Weizenlücke ist der Selbstversorgungsgrad (SVG), der parallel zu der Steigerung des Produktionsdefizits absank (vgl. Abbildung 32). Mit einem Durchschnittswert von 0,522 Mio. t wiesen die 50er

---

46 als Folge der Wirtschaftlichkeitsüberlegungen der Brothersteller (vgl. Kap. 5.2.3)

Jahre die geringste Weizenlücke auf, der SVG betrug 77,4 v.H. Die größte relative Veränderung fand in den 60er Jahren statt. Der Durchschnittswert der Weizenlücke stieg um 275 v.H. und erreichte ein Defizit von 1,738 Mio. t, der SVG sank auf 46 v.H. ab. Mit einer Steigerung um 90 v.H. erreichte die Weizenlücke im Durchschnitt der 70er Jahren 3,307 Mio. t, der SVG lag bei 37,7 v.H. Eine weitere Steigerung von 92 v.H. brachte ihren durchschnittlichen Wert in den 80er Jahren auf 6,34 Mio. t und den SVG auf 25,1 v.H. (vgl. Abbildung 32 und 33).

Abbildung 32: Entwicklung der Weizenlücke in t

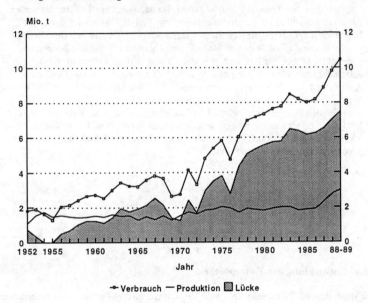

Quelle: eigene Darstellung nach Tabelle 15 im Anhang

Obwohl die letzten Durchschnittswerte den Trend bestätigen, zeigt sich seit Mitte der 80er Jahre ein neues Bild. Der SVG, der 1984 auf einen Minimum von 22 v.H. absank, stieg seit dieser Zeit kontinuierlich und erreichte 1988-89 einen Wert von 28,6 v.H. Dies lag allein an der Steigerung der Produktion, denn der absolute Wert sowohl des Verbrauchs als auch der Versorgungslücke nahm in diesen Jahren weiter zu.

Abbildung 33: Entwicklung des Selbstversorgungsgrades von Weizen

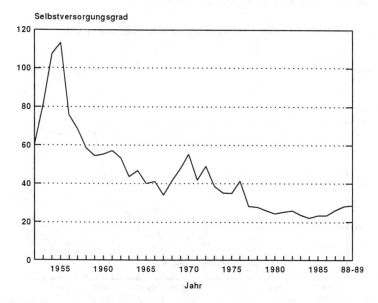

Quelle: eigene Darstellung nach Tabelle 15 im Anhang

5.3.2 Die Entwicklung der Weizenimporte

Mit einem Anteil von 6,1 v.H.[47] an den gesamten Weizenimporten der Welt ist Ägypten der drittgrößte Weizenimporteur[48]. Die Weizenimporte Ägyptens machen allein 37 v.H. der Importe Afrikas aus.

Die mengenmäßige Entwicklung der Weizenimporte verlief im allgemeinen ähnlich der Entwicklung der Weizenlücke. Dennoch weicht der jährliche Umfang der beiden Größen voneinander ab. Dies resultiert aus Veränderungen der Lagerbestände, die den Trend zwar nicht beeinflussen, kurzfristig aber verzerrend wirken.

Aus den Veränderungen von Menge und Preis ergibt sich die wertmäßige Entwicklung der Importe (vgl. Abbildung 34). Beide Komponenten waren in den 50er

---

[47] Die Zahlen beziehen sich auf 1988. Diese Stellung behielt Ägypten weiterhin in den folgenden Jahren (vgl. FAO: Trade Yearbook).
[48] Nach der UdSSR und China, deren Bevölkerungszahl viel größer als die Ägyptens ist.

und 60er Jahren durch relativ starke jährliche Schwankungen gekennzeichnet, was sich auf den Verlauf der aggregiertem Importwerte übertrug.

Abbildung 34: Die wertmäßige Entwicklung der Weizenimporte in US$

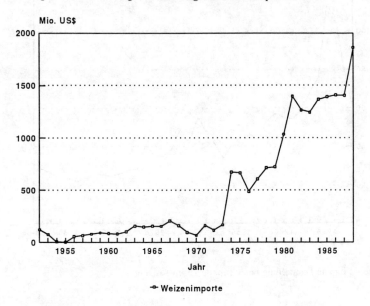

Quelle: eigene Darstellung nach Tabelle 16 im Anhang

Die Untersuchung der Importdurchschnittswerte weist eine steigende Tendenz aus. Im Jahresdurchschnitt betrugen die Weizenimporte in den 50er Jahren 61 Mio. US$, in den 60er Jahren stiegen sie um mehr als das Zweifache und lagen bei 133 Mio. US$. Der durchschnittliche Wert lag von 1970-73 leicht unter dem der 60er Jahre, nämlich bei 126 Mio. US$. Eine sprunghafte Veränderung brachte 1974 den Wert auf 663 Mio. US$; hierfür war die Erhöhung der Weltmarktpreise als Folge eines massiven Rückgangs der Weltproduktion (Welternährungskrise) verantwortlich. Dennoch war der hohe Wert der Importe von 1974 keine Ausnahme, sondern nur der Beginn einer Phase fortlaufender Expansion: Ägypten hat auf die steigenden Weltmarktpreise nicht mit Einschränkungen der Importe reagiert, im Gegenteil: Die Importe der 70er und 80er Jahre stiegen parallel zu den Steigerungen der Weltweizenpreise. Der Rückgang der Weizeneinführungen im Zeitraum 1975-76 war die Folge des Rückgangs des Weltmarktpreises, das niedrigere Niveau hatte aber nur kurzfristig Bestand, es stieg erneut an und erreichte 1979 720 Mio. US$.

Neben zunehmender Importmenge und steigendem Importpreis trat 1979 ein neuer Faktor hinzu, der einen weiteren Anstieg der Importkosten verursachte: Die ägyptische Währung wurde stark abgewertet[49]. Dies schlug sich im Wert der Importe von 1980 nieder, der um 44 v.H. stieg und 1035 Mio. US$ erreichte. Ohne weitere Abwertung stiegen die Importkosten in den 80er Jahren weiter; 1988 lagen sie bei 1863 Mio. US$.

Da der Erzeugerpreis für Weizen in dieser Phase weit unter dem Weltmarktpreis lag, kann die Importpolitik Ägyptens nicht allein mit ökonomischen Motiven erklärt werden: Als zentrale Determinante muß die sprunghaft gestiegene Nahrungsmittelhilfe für Ägypten (überwiegend Weizen) angeführt werden. Zwar brachten die Weizenimporte im Rahmen der Nahrungsmittelhilfe keinen Preisvorteil für Ägypten, jedoch wurden sie auf Kredit geliefert, der langfristig und zu besonderen Konditionen vergeben wurde.

Inwieweit Mengen- und Preisveränderungen für die gesamte Veränderung der Importwerte von Weizen in den 70er und 80er Jahren verantwortlich zeichnen, wird in Tabelle 10 anhand einer Analyse der Importwerte aufgezeigt. Während 1971 62 v.H. und 1972 50 v.H. der Wertsteigerung an der Zunahme der Importmenge lag, spielte die Preisentwicklung ab 1973 die größere Rolle. Im Durchschnitt der Jahre von 1973-88 sind 76,7 v.H. der Wertsteigerung auf Preissteigerungen zurückzuführen. Trotz der absolut steigenden Importmenge in diesem Zeitraum ist diese nur für 23,3 v.H. der Wertsteigerung verantwortlich.

---

49 Bis 1978 1 E£ = 2,3 US$, ab 1979 1 E£ = 1,43 US$

Tabelle 10: Analyse der Beiträge von Mengen- und Preisveränderungen an der gesamten Veränderung des Wertes der Weizenimporte

Jahr	Wert der Importe in Tausend US$		Veränderungen des Importwertes gegenüber 1970		Beiträge von Mengen- und Preisänderung an der Änderung des nom. Importwertes in v.H.	
	nom. Preis	Preis 1970	nom Preis	Preis 1970*	Mengenbeitrag	Preisbeitrag
1970	66	66	–	–	–	–
1971	160	128	94	62	66	34
1972	114	90	48	24	50	50
1973	165	96	99	30	30	70
1974	670	139	604	73	12	88
1975	663	181	597	115	19	81
1976	486	113	420	47	11	89
1977	605	231	539	165	31	69
1978	711	278	645	212	33	67
1979	720	261	654	195	30	70
1980	1035	289	969	223	23	77
1981	1398	313	1332	247	19	81
1982	1266	293	1200	227	19	81
1983	1246	351	1180	285	24	76
1984	1369	375	1303	309	24	76
1985	1393	373	1327	307	23	77
1986	1410	448	1344	382	28	72
1987	1407	498	1341	432	32	68

* gleicht dem Beitrag der Mengenveränderung an der gesamten Veränderung des nominalen Importwertes

Quelle: eigene Berechnungen

5.3.3 Die Probleme der Weizenimporte

5.3.3.1 Die wirtschaftliche Belastung

Die hohen Weizenimporte stellen seit 1974 für Ägypten eine problematische wirtschaftliche Belastung dar. In der Zeit von 1952-73 konnten die Importe ökonomisch gerechtfertigt werden: Die Ressourcenallokation in der Landwirtschaft orientierte sich am Prinzip der komparativen Kostenvorteile. Exportkulturen, für die Ägypten einen relativen Vorteil besaß - hauptsächlich Baumwolle und Reis - brachten genügend Einnahmen, um die Importe von Weizen, dessen Anbau weniger vorteilhaft war, zu finanzieren[50]. Im Durchschnitt reichte etwa ein Drittel der Einnahmen aus Agrarexporten aus, um die Importkosten für Weizen zu decken. Da eine volle Selbstversorgung bei fast allen anderen Nahrungsgütern erreicht war, konnten die übrigen Exporteinnahmen für Entwicklungsvorhaben zur Verfügung gestellt werden. Ferner litt die gesamte Volkswirtschaft unter keinen bedeutenden Verschuldungs- oder Zahlungsbilanzproblemen.

Ab 1974 verschlangen die Weizenimporte einen immer größeren Anteil der Einnahmen aus den Agrarexporten (vgl. Abbildung 35). Machten die Weizenimporte 1973 wertmäßig 25 v.H. der Agrarexporte aus, so stieg ihr Wert 1974 auf 72 v.H. und behielt dieses Niveau - mit leicht steigender Tendenz - in den darauf folgenden Jahren bei.

Seit 1978 übersteigt der Wert der Weizenimporte die gesamten Einnahmen aus den Agrarexporten bei weitem. Im Durchschnitt stellten die Weizenimporte im Zeitraum von 1974-79 102 v.H. der Agrarexporte, von 1980-88 waren es 202 v.H.

Nicht nur gemessen an den Agrarexporten stellen die Weizenimporte eine massive Belastung dar. Auch ihr Verhältnis zu den gesamten Exporteinnahmen Ägyptens zeigt die gleiche Tendenz (vgl. Abbildung 35). Die Weizenimporte machten 1973 15 v.H. der gesamten Exporteinnahmen aus. Von 1974-79 lag der Anteil im Durchschnitt bei 40 v.H. Daß die 80er Jahre den gleichen Durchschnittswert ohne weitere Steigerung aufweisen, liegt an den zunehmenden Einnahmen aus den Erdölexporten (CAPMAS c).

---

50 Vgl. Kap. 3.3.

Abbildung 35: Die Entwicklung von Weizenimporten u. Agrarexporten in US$

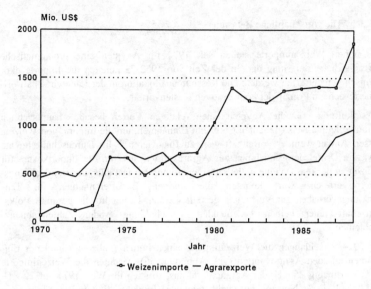

Quelle: eigene Darstellung nach Tabellen 4 u. 16 im Anhang

Abbildung 36: Entwicklung von Weizenimporten und Gesamtgüterexporten in US$

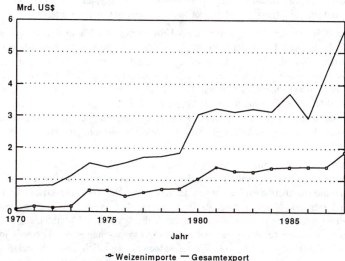

Quelle: eigene Darstellung nach Tabelle 4 u. 16 im Anhang

5.3.3.2 Die wirtschaftspolitische Abhängigkeit

Das Risiko, daß ein kleines Entwicklungsland im Rahmen der bestehenden Weltwirtschaftsordnung durch seine schwache Handelsposition den großen Handelspartnern gegenüber in Abhängigkeit gerät, ist bereits bei Importen zu kommerziellen Bedingungen gegeben. Im Fall Ägyptens wird die Abhängigkeit noch größer dadurch, daß das importierte Produkt lebenswichtig ist, Ägypten jedoch kein adäquates Gut dem Handelspartner zur Verfügung stellen kann. Dennoch bleibt diese Gefahr bei kommerziellen Importen verglichen mit der bei Nahrungsmittelhilfe relativ gering. Das folgende Beispiel mag diese These veranschaulichen:

Bis 1954 bezog Ägypten seine gesamten Weizenimporte zu kommerziellen Bedingungen. Die ersten Weizenimporte im Rahmen der Nahrungsmittelhilfe (Weizenhilfe) folgten als Käufe zu Sonderkonditionen gemäß dem Gesetz PL 480 von den USA. Seit 1955 lag die Bandbreite der Schwankungen des jährlichen Umfangs der Weizenhilfe zwischen 1.400 t und 2.009.000 t(!). In Relation zu den gesamten Weizenimporten bedeutet dies, daß sich die Schwankungen zwischen

0,0 v.H. und 100 v.H. bewegt haben (vgl. Abbildung 37). Sowohl die negativen als auch die positiven Veränderungen am Umfang der Weizenhilfe sind keineswegs auf eine Veränderung der Ernährungslage bzw. Bedürftigkeit Ägyptens zurückzuführen, sondern sind stets als Reaktion auf die politischen Ereignisse zu betrachten[51].

So wurde 1956 die gerade begonnene USA-Hilfe infolge der Nationalisierung des Suez-Kanals gestoppt. Die in der Statistik dieses Jahres erschienene Weizenhilfe war eine einmalige Nothilfe der Sowjetunion[52]. In den folgenden zwei Jahren war der Anteil der Hilfe an den gesamten Importen nicht von Bedeutung; diese Hilfe bestand aus Geschenken verschiedener Quellen. Die Gründung der Vereinigten Arabischen Republik 1958 (Die Vereinigung von Ägypten und Syrien) gab der US-amerikanischen Administration den Anlaß, das Verhältnis zu Ägypten wieder zu verbessern. Die Kennedy-Regierung beabsichtigte zunächst eine Stabilisierung der Beziehungen zu Ägypten[53].

1962 wurde ein Abkommen unterschrieben, das die Weizenhilfe der USA an Ägypten bis 1966 regelte. Nach dem Scheitern der Vereinigung mit Syrien 1961 hatten sich die sozialistischen Neigungen der Regierung Nassers herauskristallisiert. Die darauf folgende Verstimmung der Beziehungen zum Westen im allgemeinen und zu den USA im besonderen eskalierte durch die ägyptische Unterstützung der Revolution im Jemen zum ernsthaften Konflikt. Die wachsende Rolle Ägyptens in der Blockfreien-Bewegung (die vom Westen jedoch als parteilich, nämlich sozialistisch, betrachtet wurde) und in der Unterstützung der Unabhängigkeitsbewegungen belastete die Beziehung zu den USA zunehmend. Ein weiterer Konflikt entstand durch die Hilfe, die Ägypten dem Kongo gewährt hatte, da dessen Regierungschef Lumumba als Feind der USA galt. Auf der anderen Seite führte der Putsch im Kongo, dem Lumumba persönlich zum Opfer fiel, zu einer Reaktion der Empörung, die sich in Ägypten gegen die USA richtete, da diese für den Putsch verantwortlich gemacht wurden.

---

51 Zur nachfolgend beschriebenen Entwicklung vgl.:
   Hussein 1982, Mustafa 1987, Ministerium für Nationale Aufklärung: Gesammelte offizielle Reden von Präsident Nasser 1967, Rothschild: 1976.
52 Mit Weizen beladene Schiffe, die von Australien auf dem Weg in die UdSSR waren, wurden umorientiert und nach Ägypten geschickt, als die USA den Stop ihrer Hilfe angekündigt hatten.
53 Entscheidend für die USA-Politik war, daß sich die ägyptische Regierung, die noch zwischen Osten und Westen schwankte, nicht endgültig dem Osten zuwandte. Um eine Entscheidung über die Fortsetzung der Hilfe an Ägypten zu treffen, beauftragte Kennedy den damaligen Experten für die arabische Welt, John Bower, die politische Lage in Ägypten zu begutachten. Dieser empfahl, dem Land zu helfen, da die Alternative aus östlichen Quellen immer vorhanden sei, eine Enthaltung der Hilfe es jedoch Ägypten schwer machen würde, wirklich parteilos zu bleiben, womit die Sowjetunion neuen Boden gewonnen hätte (Rusk: 1961). Dies wird bestätigt in: Report of Edward Mason on the Economic Survey Mission to the UAR, 1962.

Abbildung 37: Entwicklung von Weizenhilfe und Weizenimporten in t

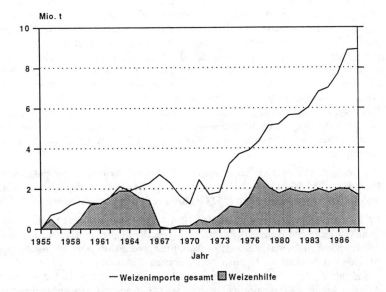

Quelle: eigene Darstellung aus Tabellen 20 u. 15 im Anhang

Präsident Johnson, der weniger als Kennedy an guten Beziehungen zu Ägypten interessiert war, betrieb eine weitaus härtere Politik. Ein Antrag Ägyptens zur Verlängerung des Weizenabkommens blieb unbeantwortet. Später äußerte der amerikanische Botschafter im Kairo, daß eine weitere Gewährung der Weizenhilfe fraglich sei, da das Verhalten Ägyptens das Mißfallen der USA errege[54]. Ägypten wies diesen Druck provokativ zurück[55]. Im Jahre 1965 stimmte der Kongreß der Vereinigten Staaten einer Anordnung zu, nach der Ägypten jegliche Hilfe versagt blieb mit der Begründung, Ägypten betreibe eine Politik, die den Interessen der USA und deren befreundeten Staaten zuwiderlaufe[56].

---

54 Nach einer öffentlich gehaltenen Rede von Präsident Nasser vom 23. Dezember 1964.
55 Aus vorgenannter Rede: "Wenn die Amerikaner glauben, sie geben uns Hilfe, um uns und unsere Politik kontrollieren zu können, so sagen wir ihnen, es täte uns leid, wir werden unseren Konsum einschränken, damit wir unsere Unabhängigkeit bewahren ... Wem unser Verhalten nicht paßt, möge aus dem Meer trinken".
56 Damit war Saudiarabien gemeint, das in der von Ägypten unterstützten Revolution im Jemen eine Gefahr sah, denn das gestützte jemenitische System war mit dem von Saudiarabien gleicher Natur.

Mit dem Waffenstillstand im Jemen und der Beendigung der ägyptischen Hilfe an den Kongo äußerten die USA erneut ihre Bereitschaft, Ägypten Weizenhilfe zu gewähren, jedoch zu neuen Bedingungen: Hatte Ägypten bislang seine Weizenkäufe, die im Rahmen des Gesetzes PL 480 stattfanden, in eigener Währung gezahlt, so mußten die Raten nun in US$ geleistet werden. Entscheidend war aber die zweite, neu eingeführte Bedingung: die Weizenabkommen, die diese Käufe regulierten, liefen bis dato über mehrere Jahre, die neuen Abkommen sollten dagegen alle sechs Monate erneuert werden. Offensichtlich war damit beabsichtigt, Ägypten ständig unter Druck zu halten, um eine politische "Zähmung" zu erreichen. Das Angebot wurde auf ägyptischer Seite scharf kritisiert und abgelehnt[57]. Mit dem Ausbruch des Sechs-Tage-Krieges war das Thema Weizen für Ägypten vorläufig abgeschlossen; selbst Importe gegen Bezahlung in US-$ wurden seitens der USA verweigert.

Der jährliche Durchschnitt der erhaltenen Weizenhilfe in dieser abgeschlossenen Phase von 1959-66 betrug 1.497.000 t, was 82 % der gesamten Importe ausmacht. Von 1967-73 waren es nur noch 255.000 t bzw. 14 % der Weizenimporte.

1974 erfuhren die Beziehungen zu den USA - und damit auch das Kapitel Weizenhilfe - eine neue Wende. Die damalige ägyptische Regierung unter der Führung von Präsident Sadat verkündete 1974 die Öffnungspolitik, die eine offensichtliche Abkehr von bislang praktizierten sozialistischen Ansätzen war[58]. Parallel dazu wurde das Waffenstillstandsabkommen mit Israel unterschrieben. In Folge erhielt Ägypten bereits nach dem ersten Besuch des US-amerikanischen Außenministers Kissinger die ersten Lieferungen von Weizenhilfe (1.087.000 t). Weil die Politik Ägyptens seither mit der Politik der USA weitgehend harmoniert, erhält Ägypten, bezogen auf die Bevölkerungszahl und Kalorienversorgung einen überproportional großen Anteil der Weltweizenhilfe, der im Durchschnitt 23 v.H. an der Geamthilfe beträgt (vgl. Abbildung 37). Verglichen mit dem Anteil von 1970-71 (2,8 v.H.) bedeutet dieser Wert eine Steigerung von 721 v.H..

Im Vergleich zu den Hilfsabkommen in den 60er Jahren waren die Bedingungen in den 70er und 80er Jahren für Ägypten sehr nachteilig. Selbst die abgelehnten Bedingungen von 1966 waren noch günstiger. Liefen die alten Abkommen immer über mehrere Jahre, so haben die USA als Geberland jetzt das Recht, jederzeit das Abkommen zu beenden[59]. Auch die Wahl der Währung, in der die Bezahlung erfolgen soll, wurde den Geberländern überlassen, die sich für US$ entschieden haben.

---

57 "Die Freiheit, die wir für Blut erkauft haben, werden wir nicht für Weizen verkaufen" (aus einer öffentlich gehaltenen Rede Nassers im Juli 1966).
58 Dies war der vorläufige Höhepunkt mehrerer Signale, die zwischen 1970-73 gesendet wurden und die eine Umorientierung der ägyptischen Politik markierten. Die wichtigsten davon waren: Die häufige offene Kritik an der Sowjetunion, die Beseitigung aller Staatsmänner, deren sozialistische Neigung bekannt war und die provokative Ausweisung sowjetischer Experten, die das Land binnen 48 Stunden verlassen mußten.
59 Zu den Bedingungen des neuen Abkommens vgl. Hussein 1982:105-113.

Obwohl die Zahlung in langfristigen Raten stattfindet, haben die USA das Recht, über die Verwendung der Regierungseinnahmen von dem auf dem Binnenmarkt verkauften Weizen zu bestimmen. Das bezieht sich nicht auf den tatsächlichen Preis (Subventionspreis), zu dem die Regierung den Weizen weiter verkauft, sondern auf den cif-Preis, den die Regierung bezahlt hat, jedoch umgerechnet in E£. Ferner verpflichtete sich die ägyptische Regierung, einen "passenden" Anteil ihrer kommerziellen Importe aus dem Geberland zu beziehen; über den Umfang dieses Anteils wurde getrennt verhandelt. Das Ergebnis: Die kommerziellen Importe aus den USA wuchsen noch stärker als die Hilfe[60].

Aus der gesamten Entwicklung tritt deutlich hervor, daß Weizen als politisches Druckmittel eingesetzt wird. Der Erfolg dieses Druckmittels und damit die Gefahr der Abhängigkeit ist von den gesamten Gegebenheiten abhängig, von Bedeutung sind hier insbesondere folgende Faktoren:

- die Höhe des Selbstversorgungsgrades von Weizen
- die Höhe des Selbstversorgungsgrades von substituierenden Nahrungsmitteln
- die Höhe des Selbstversorgungsgrades von Nahrung im allgemeinen
- die Fähigkeit des Agrarsektors, die Weizenimporte zu finanzieren
- die gesamte Importkapazität[61] des Landes
- die Fristen der Importabkommen
- der Anteil der Hilfe an den Importen und die Möglichkeit, sie durch kommerzielle Importe jeder Zeit ersetzen zu können.

Diese Faktoren bezeichnen die Unterschiede der Situation in den 60er und Anfang der 70er Jahre im Vergleich zu der Zeit danach. Sie geben Antwort auf die Frage, warum Weizen als Druckmittel erfolglos war.

---

60 Ebenda.
61 = Exporteinnahmen - Schuldendienst

6. Möglichkeiten zur Steigerung der Weizenproduktion

Die im letzten Kapitel erläuterte kritische Lage der Weizenversorgung macht es erforderlich, Wege zu suchen, die zu einer Steigerung der Weizenproduktion führen. Dieses Kapitel beschäftigt sich mit der Untersuchung solcher Möglichkeiten. Untersucht werden die Maßnahmen zur höheren Weizenproduktion durch Umverteilung seiner Anbauflächen, durch Steigerung der Flächenproduktivität sowie durch Flächenausdehnung des Weizenanbaus zu Lasten des Anbaus anderer Agrarprodukte.

Im Anschluß an die Untersuchung jeder dieser Möglichkeiten werden ihre Implikationen und Realisierungschancen diskutiert.

6.1 Steigerung der Weizenproduktion ohne Erweiterung der Anbaufläche

Möglichkeiten zur Erhöhung der Weizenproduktion ohne Erweiterung der bestehenden Anbauflächen basieren auf der Ausnutzung des vorhandenen Potentials der Flächenproduktivität. Hierzu ist es notwendig, folgende Aspekte zu berücksichtigen:

- Eine optimale Ausnutzung des vorhandenen Potentials ist nur dann möglich, wenn die Probleme und Hindernisse der Entwicklung im landwirtschaftlichen Sektor beseitigt werden. Dies ist nur im Rahmen eines umfassenden Entwicklungsprozesses durchführbar, denn die bestehenden Erb- und Pachtgesetze, die ständige Verschlechterung der Bodenqualität, ein unangepaßtes Be- und Entwässerungssystem sowie eine sich stets verändernde und daher unberechenbare Agrarpolitik[62] verursachen insgesamt Probleme, die nicht aus ihrem Kontext gerissen und isoliert für den Weizenanbau gelöst werden können. Ebensowenig lassen sich die Schwierigkeiten der unzureichenden Gesundheitsversorgung, des mangelhaften Ausbildungssystems, der hohen Rate des Analphabetentums sowie der rückständigen Infrastruktur getrennt von Entwicklungen im landwirtschaftlichen Sektor lösen. Demzufolge können sich die hier untersuchten Möglichkeiten lediglich in einem bestimmten Rahmen bewegen, dessen Grenzen durch die o.g. restriktiv wirkenden Faktoren vorgezeichnet sind.
- Eine Produktionssteigerung, die das Ziel einer optimalen Potentialausnutzung hat, steht nicht zwangsläufig im Widerspruch zum angestrebten Prinzip der Ressourcenerhaltung.
Es gilt, zwischen den Begriffen "maximal" und "optimal" zu unterscheiden: Während sich eine maximale Ausnutzung auf die höchste, physisch realisierbare Produktionsmenge bezieht, erlaubt der Begriff optimale Ausnutzung die

---

62 Vgl. dazu Kapitel 3.3.

Einschränkung der maximalen Zielgröße durch die Berücksichtigung von Restriktionen, die ökonomischer, ökologischer, sozialer und/oder politischer Natur sein können.

Die folgenden Vorschläge schließen einander nicht aus, vielmehr können sie sich komplementär ergänzen, um somit einen größeren Zielerreichungsgrad zu realisieren.

6.1.1 Die lokale Umverteilung der Weizenflächen

Weizen wird in 21 Governoraten Ägyptens[63] angebaut. Traditionell wurde Weizen in erster Linie zur Deckung des Eigenbedarfs der bäuerlichen Haushalte produziert. Die Bauern lagerten einen entsprechenden Teil der Ernte bis zur nächsten Weizensaison in primitiven Speichern; der Weizenüberschuß wurde verkauft. Privathändler versorgten die städtischen Gebiete mit Weizen, der auf dem Lande gekauft wurde oder, bei Bedarf, mit Importweizen.

Mit der zunehmenden Staatsintervention im landwirtschaftlichen Sektor übernahm der Staat allmählich die Weizenversorgung der städtischen Gebiete. Der Privathandel beschränkte sich auf den (relativ geringen) Teil, der nach Deckung des Eigenbedarfs der Weizenanbauer und nach Abzug der Pflichtablieferungsmenge überblieb. Die privaten Händler verkauften ihren Weizen in städtischen Gebieten an Abnehmer, die ihren Bedarf an subventioniertem Mehl nicht ausreichend decken konnten (z.B. an Konditoreien).

Mit dieser Entwicklung änderte sich der Träger, aber nicht die Richtung des Weizenhandels : Weizen wurde nach wie vor von den ländlichen in die städtischen Gebiete befördert und nicht umgekehrt. Auch zwischen den ländlichen Gebieten verschiedener Governorate entwickelten sich keine Handelskänale für Weizen.

Die Deckung des Eigenbedarfs war zwar auf kleine Einheiten - wie Haushalt oder Dorf - bezogen nicht immer vollständig vorhanden, jedoch auf der Ebene der ländlichen Gebiete verschiedener Governorate so gut wie abgesichert.

Demzufolge wurde aus den alten Traditionen heraus gehandelt: Die zentrale Anbauplanung orientierte sich an dem vertrauten, vorhandenen Fruchtfolgesystem. Die Weizenmindestfläche war für alle Gebiete einheitlich. Der einzige Unterschied lag in der Zwangsablieferungsmenge, die sich nach der Höhe der Produktivität richtete.

Der soziale und wirtschaftliche Wandel, der Mitte der 70er Jahre in Gang gesetzt wurde[64], hat dem tief verwurzelten Fruchtfolgesystem die Grundlage entzogen; Anbautraditionen und das Prinzip der eigenen Bedarfsdeckung verloren allmählich

---

63 Ägypten ist in 27 Governorate eingeteilt, welche die Verwaltungseinheiten darstellen. In 6 Governoraten wird kaum Landwirtschaft betrieben.

an Bedeutung. Ländliche Gebiete erhalten seither zunehmend subventioniertes Mehl aus den Importen, wofür sich neue Vermarktungskanäle entwickelt haben. Trotz dieser Veränderung schenken die Entscheidungsträger in Ägypten dem Standortaspekt des Weizenanbaus keine Beachtung.

Im folgenden wird versucht, zu überprüfen, ob durch die Umverteilung der Weizenanbauflächen zwischen den Governoraten eine Steigerung der Weizenproduktion zu erwarten ist.

6.1.1.1 Die gegenwärtige Verteilung der Weizenproduktion

Tabelle 11 verdeutlicht die regionale Verteilung des Weizenanbaus bzw. die Anteile der verschiedenen Regionen und Governorate an der gesamten Weizenproduktion.

Die Governorate Unterägyptens stellen 56,0 v.H. der gesamten Weizenanbaufläche, es folgen die Governorate Oberägyptens mit 25,8 v.H. und die von Mittelägypten mit 18,2 v.H.

Bei der Untersuchung der Anteile dieser drei Regionen an der gesamten Weizenproduktion bleibt die Reihenfolge zwar erhalten, jedoch weichen die relativen Anteile von der Flächenreihenfolge ab.

---

64 Vgl. Kapitel 3.2.

Tabelle 11: Die Anteile der Governorate Ägyptens an Weizenfläche und Weizenproduktion im Jahre 1988

Governorat	Anteile Weizenfläche		Anteile Weizenproduktion	
	1000 Feddan	v.H.	1000 Ardab	v.H.
Alexandria	7,0	0,5	62,4	0,3
Behera	145,5	10,2	1825,5	9,7
Gharbija	83,9	5,9	1137,9	6,1
Kafr El-Shaykh	114,7	8,0	1491,2	7,9
Dakahlija	160,9	11,3	2255,6	11,9
Damiette	11,7	0,8	130,8	0,6
Sharkija	172,7	12,3	2196,7	11,7
Ismailija	7,2	0,5	64,7	0,3
Suez	1,0	0	9,2	0,0
Menufija	67,6	4,9	1028,3	5,4
Kaljubija	23,4	1,6	287,1	1,5
Kairo	0,2	0	1,8	0,0
Summe Unterägypten	795,8	56,0	10491,3	55,4
Giseh	11,4	0,8	165,5	0,9
Beni Suef	61,2	4,3	1008,9	5,3
Fajum	77,4	5,4	1173,4	6,2
Minja	109,5	7,7	1492,5	7,9
Summe Mittelägypten	259,5	18,2	3840,3	20,3
Assjut	109,5	7,7	1665,9	8,8
Suhag	137,6	9,7	1762,2	9,3
Kena	105,4	7,4	1050,2	5,6
Assuan	14,1	1,0	118,2	0,6
Summe Oberägypten	366,6	25,8	4596,5	24,0
Summe Ägypten	1421,9	100,0	18928,1	100,0

Quelle: Landwirtschaftsministerium, Abtlg. für Agrarstatistik, die prozentualen Anteile sind eigene Berechnung.

Die geringste Abweichung weist Unterägypten mit 55,4 v.H. auf: hier liegt der Anteil an der Produktion um 0,6 v.H. unter dem der Anbaufläche. Eine größere Abweichung besteht in Oberägypten: der Anteil an der Produktion liegt mit 24 v.H. um 1,8 v.H. unter dem der Fläche. Lediglich in Mittelägypten übersteigt der Anteil an der Produktion mit 20,3 v.H. um 2,1 v.H. den Anteil an der Anbaufläche.

Innerhalb der drei Regionen Unter-, Mittel- und Oberägypten weisen die einzelnen Governorate große Differenzen bezüglich ihrer Anteile an der Weizenproduktion auf. Tabelle 12 zeigt die Reihenfolge der wichtigsten weizenproduzierenden Governorate Ägyptens, geordnet nach Anbaufläche und Produktionsmenge, mit den jeweiligen relativen Anteilen. Die unterschiedliche Stellung der Governorate in der Reihenfolge der Fläche und Produktionsmenge deutet auf ihre Unterschiede in den Produktivitäten hin. Dabei nehmen die Governorate Dakahlija, Assjut und Fajum eine bessere Stellung - bezogen auf die Produktionsmenge - ein, als nach ihrer Anbaufläche.

Tabelle 12: Die wichtigsten weizenproduzierenden Governorate und ihre relativen Anteile

	Nach Anbaufläche		Nach-Produktionsmenge	
	Governorat	rel.-Anteil	Governorat	rel.-Anteil
1	Sharkija	12,3	Dakahlija	11,9
2	Dakahlija	11,3	Scharkija	11,7
3	Behera	10,2	Behera	9,7
4	Suhag	9,7	Suhag	9,3
5	Kafr El-Sh.	8,0	Assjut	8,8
6	Minja	7,7	Minja	7,9
6	Assjut	7,7	Kafr El-Sh.	7,9
8	Kena	7,4	Fajum	6,2
9	Gharbija	5,9	Gharbija	6,1
10	Fajum	5,4	Kena	5,6

Quelle: Eigene Berechnung nach Daten des Landwirtschaftsminsteriums, Abt. für Agrarstatistik

Im Gegensatz dazu ist die Stellung der Governorate Sharkija, Kafr El-Shaikh und Kena besser nach ihrer Anbaufläche als nach ihrer Produktionsmenge. Behera, Suhag, Minja und Gharbija behalten dieselbe Stellung nach beiden Kriterien.

6.1.1.2 Aussichten der Flächenumverteilung

Die unterschiedlichen Anteile der Governorate an den gesamten Weizenflächen sowie ihre Anteile an der Weizenproduktion insgesamt lassen auf standortbedingte Unterschiede der Flächenproduktivität schließen: Governorate mit überdurchschnittlicher Flächenproduktivität weisen einen höheren relativen Anteil an der Produktion als an der Fläche auf und umgekehrt. Die Bandbreite der Produktivitätsunterschiede ist Tabelle 13 zu entnehmen.

Die höchste Flächenproduktivität liegt bei 16,5 Ardab und wurde im Governorat Beni Suef erzielt. Die Mindestproduktivität von 8,1 Ardab wies Assuan auf. Damit beträgt die Bandbreite der Unterschiede der Flächenproduktivität 8,1 Ardab, was 61 v.H. der durchschnittlichen Produktivität für Ägypten (13,3 Ardab) ausmacht.

Tabelle 13: Die Flächenproduktivität des Weizenanbaus in den Governoraten Ägyptens für 1988 in Ardab pro Feddan

Governorat	Weizenproduktivität
Alexandria	8,9
Behera	12,6
Gharbija	13,6
Kafr El-Sh.	13,0
Dakahlija	14,0
Damiette	11,2
Sharkija	12,7
Ismailija	9,0
Suez	9,0
Menufija	15,2
Kaljubija	12,3
Kairo	11,2
Giseh	14,5
Beni Suef	16,5
Fajum	15,2
Minja	13,6
Assjut	15,2
Suhag	12,8
Kena	10,0
Assuan	8,4

Quelle: Landwirtschaftsministerium, Abt. für Agrarstatistik

Die Annahme, daß die Produktivitätsunterschiede überwiegend standortbedingt sind, basiert auf zwei Faktoren:

1. Das zentral organisierte Genossenschaftssystem[65], das für alle Gebiete Ägyptens einheitlich ist, sowie die lokale Gleichmäßigkeit der Betriebsgrößenstruktur führen zu einer weitgehenden Gleichartigkeit der technischen und institutionellen Bedingungen der Produktion in den verschiedenen Gebieten. Diese Faktoren können daher nur sehr begrenzt für die Produktivitätsunterschiede verantwortlich gemacht werden.

---

65 Vgl. Kapitel 3.2.1.

2. Weizen gehört zu den Kulturen, die auf Klima und Bodenbeschaffenheit sensibel reagieren. Die Governorate Ägyptens zeigen hinsichtlich dieser Faktoren relativ große Unterschiede.

Die Grundgedanken einer Umverteilung der Fläche ist eine produktivitätsgerechte Allokation der Weizenfläche. Dies bedeutet relativ mehr Weizenanbau in Governoraten mit höherer Flächenproduktivität und relativ weniger in denen mit niedriger Flächenproduktivität.

Zu einer Untersuchung der gegenwärtigen Flächenverteilung dient die Abweichung der Flächenproduktivität der einzelnen Governorate vom Landesdurchschnitt als Ausdruck des Produktivitätsniveaus.

Eine Gegenüberstellung des Produktivitätsniveaus und der relativen Anteile des Weizenanbaus an den Nutzflächen der Governorate (vgl. Tabelle 14) läßt feststellen, daß der relative Umfang des Weizenanbaus in der Mehrheit der Governorate nicht im Verhältnis zu dem lokalen Produktivitätsniveau steht.

Tabelle 14: Produktivitätsniveau und relative Flächenanteile des Weizenanbaus in den Governoraten Ägyptens

Governorat	Produktivitätsniveau	rel. Flächenanteil
Alexandria	-4,4	13,1
Behera	-0,7	25,3
Gharbija	0,3	27,0
Kafr El-Shaykh	-0,3	27,2
Dakahlija	0,7	30,5
Damiette	-2,1	12,1
Sharkija	0,6	32,1
Ismailija	-4,3	16,2
Suez	-4,3	18,8
Menufija	1,9	26,6
Kaljubija	-1,0	21,5
Kairo	-2,1	5,0
Giseh	1,2	12,1
Beni Suef	3,2	28,1
Fajum	1,9	31,1
Minja	0,3	3,2
Assjut	1,9	40,4
Suhag	-0,5	53,5
Kena	-3,3	71,1
Assuan	-4,9	38,5

Quelle: Eigene Berechnung nach Daten des Landwirtschaftsministeriums, Abt. für Agrarstatistik

In Governoraten mit überdurchschnittlichen Flächenproduktivitäten wie Menufija, Gharbija, Giseh, Beni Suef und Minja ist der relative Anteil der Weizenfläche geringer als in Governoraten mit unterdurchschnittlichen Flächenproduktivitäten wie Sharkija, Kena, Suhag und Assuan.

Einer Einschränkung des Weizenanbaus in ungünstigen Standorten sind keine technischen Grenzen gesetzt. Im Gegenteil, die Fruchtfolge grenzt in günstigen Standorten eine Erweiterung des Weizenanbaus ein. Auf Flächen, die nach dreijährigem Turnus bebaut werden, kann Weizen in jedem dritten Jahr angebaut werden und somit höchstens ein Drittel der Fläche beanspruchen. Analog dazu kann Weizen auf Flächen mit zweijährigem Turnus auf der Hälfte der Fläche angebaut werden. Diese Einschränkung der möglichen Flächenerweiterung des Weizenanbaues reduziert weitgehend die mit einer solchen Erweiterung verbundenen Gefahr eines Ertragrückganges. Die Annahme, daß die Governorate mit gegenwärtig hohen Flächenerträgen diese auch im Falle einer Erweiterung des Weizenanbaues halten können, scheint somit innerhalb dieser Grenzen als zulässig.

Als Beispiel zur Möglichkeit einer solchen Erweiterung werden in Tabelle 15 die Grenzen der Erweiterung in den Governoraten mit überdurchschnittlichen Produktivitäten ausgerechnet. Dabei wird die mögliche Fläche nach dreijährigem Turnus die Untergrenze und die nach zweijährigem Turnus die obere Grenze der möglichen Erweiterung darstellen[66]. Die Berechnung ergibt, daß eine mögliche Erweiterung zwischen 191.473 und 549.784 Feddan liegt. Bezogen auf die Weizenflächen der betrachteten Governorate im selben Jahr bedeutet dies einen prozentualen Anstieg von 32,9 und 94,3 v.H.

Tabelle 15: Mögliche Weizenflächenerweiterung in Feddan in Governoraten mit überdurchschnittlicher Flächenproduktivität

Governorate	Weizen-fläche 1988	Mögliche Weizen flächengrenzen		Mögliche Grenzen Flächenerweiterung	
		untere	obere	untere	obere
Gharbija	83889	103609	155414	19720	71525
Dakahlija	160857	175779	263669	14922	102812
Menufija	67619	84697	127046	17078	59427
Giseh	11412	31493	47240	20081	35828
Beni Suef	61148	72679	109019	11531	47871
Fajum	77408	83009	124514	5601	47106
Minja	10951	113491	170237	102540	159286
Assjut	109540	0	135469	0	25929
Summe		528824		191473	549784

Quelle: Eigene Berechnung nach Daten des Landwirtschaftsministeriums, Abt. für Agrarstatistik

---

[66] da keine zuverlässigen Angaben über den Umfang der Flächen eines jeden Turnus in den verschiedenen Governoraten vorhanden sind.

Die erreichbare Produktionssteigerung wird auf der Basis der durchschnittlichen Produktivitäten der jeweiligen Governorate berechnet (vgl. Tabelle 16).

Tabelle 16: Mögliche Produktionssteigerung in Governoraten mit überdurchschnittlichen Flächenproduktivitäten von Weizen

Governorat	Flächenproduktivität Ardab/Feddan	Grenzen der Flächenerweiterung in Feddan		Grenzen der Produktionssteigerung in Ardab	
		untere	obere	untere	obere
Gharbija	13,6	19720	71525	268192	972740
Dakahlija	14,0	14922	102812	208908	1439368
Menufija	15,2	17078	59427	259586	903290
Giseh	14,5	20081	35828	291175	519506
Beni Suef	16,5	11531	47871	190262	789872
Fajum	15,2	5601	47106	85135	716011
Minja	13,6	102540	159286	1394544	2166290
Assjut	15,2	0	25929	0	394121
Summe:				2697802	7901198

Quelle: eigene Berechnung

Ausgehend von den unteren Grenzen der möglichen Flächenerweiterung könnte ein Produktionsanstieg in Höhe von 2.697.802 Ardab erreicht werden. Die Produktion der untersuchten Governorate steigt somit von 9.928.000 auf 12.625.802 Ardab, was eine relative Steigerung von 27,2 v.H. bedeutet. Sollte Weizen in jedem zweiten Jahr angebaut, d.h. also die Flächen bis zu ihren obersten Grenzen erweitert werden, so könnten 7.901.198 Ardab mehr erzielt werden. Die Produktion der betrachteten Governorate steigt somit auf 17.829.198 Ardab, was eine relative Steigerung von 79,6 v.H. bedeutet.

Inwieweit sich die gesamte Weizenproduktion Ägyptens durch diese Maßnahmen steigern ließe, ist davon abhängig, in welchen Governoraten und in welchem Umfang die eingeschränkten Flächen wären. Bei einer radikalen Durchführung des Umverteilungsprinzips gemäß den relativen produktivitätsrelevanten Vor- und Nachteilen müßte die Einschränkung in den Governoraten mit den niedrigsten Produktivitäten stattfinden. Dies würde dazu führen, daß der Weizenanbau in manchen Governoraten gänzlich abgeschafft werden müßte; der Produktionsentgang wäre in diesem Fall am geringsten und damit der gesamte Anstiegssaldo am größten. Ein solch einschneidender Schritt bedarf jedoch genauerer Untersuchungen, bei denen ökonomische, ökologische und soziale Faktoren in jedem Governorat berücksichtigt werden müssen. Besonders in jenen Governoraten, in denen die Weizenproduktivität nur geringfügig unter dem Durchschnitt liegt, müssen die durch Einschränkungen entstehenden Folgen genau abgewogen werden.

6.1.1.3 Implikationen und Realisierungschancen einer Umverteilung der Weizenanbauflächen

Eine Umverteilung der Anbauflächen von Weizen durch Einschränkung bzw. Abschaffung des Weizenanbaus auf Standorten mit ungünstigen natürlichen Anbaubedingungen sowie die gleichzeitige Erweiterung des Weizenanbaus auf Standorten mit günstigen Bedingungen ermöglicht eine Steigerung der Weizenproduktion ohne eine landesweite Einschränkung des Anbaus anderer Kulturen oder einer Erhöhung des Einsatzes von Produktionsfaktoren. Dies bedeutet eine Erhöhung des Gesamtertrages und der Effizienz der Weizenproduktion auf Landesebene, was ernährungspolitisch sowie ökonomisch als positiv zu bezeichnen ist.

Dennoch ist die Durchführung einer entsprechenden Umverteilung von vielen Faktoren abhängig, die für die einzelnen Fälle nach den lokalen Gegebenheiten präzise überprüft werden müssen. Die wichtigsten Faktoren werden im Folgenden erläutert:

1. Auswirkung auf die Fruchtfolge
   Die Fruchtfolge ist für pflanzliche Produktion von großer Bedeutung. Durch die Wirkung der Vorfrucht werden die Wachstumsbedingungen der angebauten Pflanzen stark beeinflußt. Auch die Nutzung bzw. die Erhaltung der Bodenfruchtbarkeit wird von der Fruchtfolge beeinflußt. Ferner kann eine einseitige Fruchtfolge die Bekämpfung von Schädlingen und Unkräutern erschweren[67]. Eine Abweichung von der zweckmäßigen, gebietsangepaßten Fruchtfolge zugunsten der Produktionssteigerung einer Frucht ist entsprechend mit einer Steigerung des Einsatzes von Mineraldüngung und Pflanzenschutzmitteln verbunden. Dies ist nicht nur ökologisch bedenklich, sondern kann auch ökonomisch nachteilig sein.

Es ist daher von großer Bedeutung, vor einer Durchführung lokaler Flächenumverteilung sowohl bei einer Erweiterung als auch Einschränkung der Weizenanbaufläche die dadurch möglichen Auswirkungen auf die Fruchtfolge zu untersuchen und die erhaltenen Ergebnisse zu berücksichtigen.

Im allgemeinen kann davon ausgegangen werden, daß sich mit der in Kapitel 6.1.2 vorgeschlagenen Festsetzung der Höchstweizenanbaufläche bei einem Drittel bzw. der Hälfte der Nutzfläche der jeweiligen Governorate mögliche negative Fruchtfolgeeffekte weitestgehend vermeiden ließen. In den Governoraten, in denen Weizen auf mehr als der Hälfte der Nutzfläche gegenwärtig angebaut wird (Suhag und Kena), könnte die Umverteilung positive Fruchtfolgeeffekte mit sich bringen.

---

67 Vgl. hierzu auch Steinhauser, Langbehn und Peters 1978:40 ff.

2. Auswirkung auf das Ertragsniveau von Weizen
   Es ist nachgewiesen, daß die Erweiterung des Anbaus von Halmfrüchten bei bestimmten Grenzen zu Ertragsdepressionen führt (Reisch, Zeddies 1977:116). Diese Grenzen sind von den gesamten Produktionsbedingungen abhängig (z.B. Standort, Fruchtfolge, Bodenqualität, angebaute Sorten). Die ist bedeutsam für die Gebiete, in denen Weizenanbau erweitert werden soll.

   Die Bestimmungen der Anbaugrenzen, bei deren Überschreitung Ertragsrückgänge zu erwarten sind, erfordert eine Ermittlung der einzelnen Ertragsfunktionen der betreffenden Governorate. Im allgemeinen wird ein Anbausystem mit 50 v.H. Getreideanbau als leistungsstark bezeichnet. Diese Annahme wurde in einem Teil der Governorate Ägyptens bestätigt und ist in den anderen zumindest nicht widerlegt worden.

3. Ökonomische Auswirkungen
   Entscheidend für die ökonomischen Auswirkungen einer Umverteilung der Weizenflächen sind die hierdurch entstehenden Opportunitätskosten. Die Tatsache, daß Weizenanbau in einem Governorat relativ höhere Erträge erbringt, schließt nicht aus, daß der Anbau konkurrierender Produkte vorteilhafter sein kann. Dies gilt im umgekehrten Fall entsprechend.

   Die Ermittlung der Transformationsrate zwischen Weizen und seinen Konkurrenten in den einzelnen Governoraten kann hier eine bedeutsame Orientierungshilfe für den Umverteilungsprozeß bieten.

   Die Vermarktungs- und Transportkosten sind ein weiterer Faktor, der bei der ökonomischen Beurteilung der Umverteilung von großer Bedeutung ist. Diese Kosten müssen bei jedem Umverteilungsschritt gegen der Wert aus dem erreichten Mehrertrag abgewogen werden. Dabei beziehen sich die Transport- und Vermarktungskosten nicht nur auf Weizen, sondern auch auf Produkte, deren Anbau zugunsten von Weizenanbau eingeschränkt worden ist und die von anderen Governoraten bezogen werden müssen.

Die Realisierungschancen einer Umverteilung der Weizenanbauflächen werden durch folgende Faktoren begünstigt:

1. Durch ein zentral gesteuertes Vermarktungssystem der Agrarprodukte, das im Falle Weizen nicht nur die Erzeuger-, sondern auch die Verbraucherseite umfaßt,

2. durch zentral organisierte lokale Genossenschaften, welche die Umsetzung agrarpolitischer Ziele ermöglichen,

3. durch Transportwege, die alle Governorate erreichen,

4. die geografischen und klimatischen Bedingungen Ägyptens, die es sehr unwahrscheinlich machen, daß in Folge von Naturkatastrophen einzelne Governorate von der Versorgung abgeschnitten werden könnten.

Neben diesen günstigen Bedingungen hängt der Erfolg einer Umverteilung der Weizenanbaufläche von einer Reihe weiterer Faktoren ab, deren wichtigste nachfolgend aufgeführt werden:

1. Ausbau vorhandener Vermarktungssysteme und Transportwege, um sie auf ein der wachsenden Aufgabe entsprechendes Niveau zu bringen,

2. Bereitstellung von durch Anbaueinschränkung fehlenden Produkten,

3. Einsatz zweckmäßiger preispolitischer Maßnahmen, die die Landwirte zur Umstellung der Produktion motivieren,

4. Intensive Aufklärung und begleitende Beratungsarbeiten, die das Umstellen der Produktionsorganisationen und die damit verbundenen Umdenkungsprozesse ermöglichen. Dabei muß auf sozio-kulturelle Gegebenheiten, auf Motivationsgründe und Verhaltensweisen in den verschiedenen Gebieten eingegangen werden.

6.1.2 Ausnutzung der Produktivitätsreserven auf den bestehenden Weizenflächen

Neben den im vorigen Abschnitt behandelten Produktivitätsunterschieden findet man relativ große Differenzen der erzielten Produktivitäten innerhalb der jeweiligen Governorate sowie auch innerhalb eines Dorfes. Selbst direkt nebeneinanderliegende Weizenfelder weisen Unterschiede in der Produktivität auf, die in extremen Fällen zwischen 4 und 23 Ardab liegen (El-Madrus/El-Telaly 1989:6). Dieses Faktum signifiziert, daß zumindest ein Teil der Weizenanbauflächen unausgenutzte Produktivitätsreserven besitzt. Im folgenden Abschnitt wird versucht, diese Produktivitätsreserven zu erfassen und mögliche Produktionssteigerungen durch Ausnutzung dieser Reserven zu ermitteln.

6.1.2.1 Die unausgenutzten Produktivitätsreserven

Eine genaue Erfassung der Produktivitätsreserven eines jeden Weizenfeldes ist wegen der fehlenden Daten und - nicht zuletzt - aufgrund des immensen Arbeitsaufwandes kaum durchführbar. Eine annähernde Berechnung dieser Reserven erfolgt hier auf der Basis eines Produktivitätsvergleichs zwischen den sogenannten "Beratungsfeldern" und den übrigen Weizenfeldern, die unter regulären Bedingungen produzieren und im folgenden als "normale Weizenfelder" bezeichnet werden.

Die Beratungsfelder - quasi Modellfelder - wurden 1983 im Rahmen eines Projektes der Akademie für Wissenschaftliche Forschung und Technologie in Zusammenarbeit mit dem Landwirtschaftsministerium ausgesucht, wobei darauf geachtet wurde, daß sie möglichst repräsentativ für ihr Gebiet sind.

Die hauptsächlichen Ziele dieses Projektes sind:

1. Den Landwirten soll der zweckmäßige und sachgerechte Umgang mit modernen Produktionsmitteln nähergebracht werden; sie sollen sich vertraut machen mit Anbaumethoden und -kulturen, die höhere Erträge sicherstellen.
2. Die neu gezüchteten und hochertragreichen Weizensorten sollen vermehrt werden, da der größte Teil der Produktion als Saatgutrohmaterial an das Landwirtschaftsministerium abgeliefert werden muß (El-Madrus/El-Telaly 1989:3).

Die Weizenanbauern der Beratungsfelder werden rechtzeitig und ausreichend mit Produktionsmitteln guter Qualität beliefert, deren Mengen und Arten nach genauer Berechnung bestimmt werden. Ferner werden sie für die gesamte Dauer der Kultur intensiv durch ausgebildete Fachkräfte beraten und von ihnen in den verschiedenen Stufen der Produktionsverfahren geschult.

Der Umfang der Beratungsfelder beschränkte sich zunächst auf 3.545 Feddan, die sich auf die Governorate Dakahlija, Gharbija, Sharkija, Fajum, Beni Suef und Suhag verteilten. Allmählich erweiterte sich ihr Umfang; 1989 umfaßten sie bereits 104.647 Feddan, auf 17 Governorate verteilt: Alexandria, Behera, Gharbija, Kafr El-Shaikh, Dakahlija, Damiette, Sharkija, Ismailija, Kaljubija, Giseh, Minja, Assjut, Suhag und Kena.

Die Untersuchung beschränkt sich auf 14 dieser Governorate, die 89 v.H. der Weizenflächen decken[68].

Eine Berechnung der durchschnittlichen Produktivitäten der Beratungsfelder in den jeweiligen betrachteten Governoraten ermöglicht den Vergleich der durchschnittlichen Produktivität der normalen Felder (vgl. Abbildung 38).

---

68 Die Governorate Alexandria, Beni Suef und Fajum mußten ausgeschlossen werden, da für sie keine zuverlässigen Daten vorhanden sind.

Abbildung 38: Produktivitätsvergleich von Feldern mit normalen Produktionsbedingungen und Beratungsfeldern

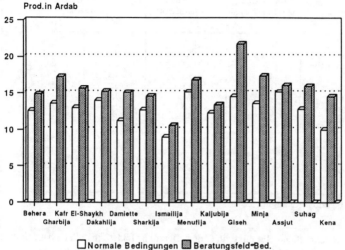

Quelle: eigene Darstellung nach eigenen Berechnungen

Der Produktivitätsvergleich zeigt, daß in allen betrachteten Governoraten durch bessere Produktionsbedingungen höhere Weizenproduktivitäten erreicht werden konnten. Die Produktivitätssteigerung lag zwischen 0,9 Ardab in Assut und 7,3 Ardab in Gisa. Bezogen auf die Produktivität unter normalen Produktionsbedingungen bewegte sich die prozentuale Produktivitätssteigerung zwischen 5,9 v.H. in Assut und 50,3 v.H. in Gisa (vgl. Tabelle 17).

Tabelle 17: Erzielte Produktivitätssteigerung der Beratungsfelder

Gouvernorate	Durchs. Prod. bei normalen prod.Bedingungen	Durchs. Prod. bei Beratungsfeld Bedingungen	erziele Produktivitätssteigerung abs.	rel.
Behera	12,6	14,9	2,3	17,9
Gharbija	13,6	17,3	3,7	27,2
Kafr El Shaykh	13,0	15,7	2,7	20,8
Dakahlija	14,0	15,3	1,3	9,3
Damiette	11,2	15,1	3,9	34,8
Sharkija	12,7	14,6	1,9	15,0
Ismailija	9,0	10,6	1,6	17,8
Menufija	15,2	16,9	1,7	11,2
Kaljubija	12,3	13,4	1,1	8,9
Giseh	14,5	21,8	7,3	50,3
Minja	13,6	17,4	3,8	27,9
Assjut	15,2	16,1	0,9	5,9
Suhag	12,8	16,0	3,2	25,0
Kena	10,0	14,5	4,5	45,0

Quelle: eigene Berechnung

Die durchschnittliche Produktivität der Beratungsfelder in allen betrachteten Governoraten betrug 15,6 Ardab; verglichen mit dem Durchschnittswert der normalen Felder in denselben Governoraten (12,8 Ardab) bedeutet dies eine Steigerung von 2,85 Ardab bzw. 21,9 v.H.

Die erzielte durchschnittliche Produktivitätssteigerung der Governorate mit für Weizenanbau relativ günstigeren Standorten[69] weicht nur geringfügig von der Steigerung ab, die in Governoraten mit relativ ungünstigen Standorten erreicht worden ist. Die erste Gruppe umfaßt die Governorate Gharbija, Dakahlija, Sharkija, Menufija, Giseh, Menja und Assjut. Im Durchschnitt stieg die Produktivität hier um 2,76 Ardab pro Feddan. Die zweite Gruppe wird von den Governoraten Behera, Kafr El Shaykh, Damiette, Ismailija, Kaljubija, Suhag und Kena. Der Produktivitätsanstieg lag hier im Durchschnitt bei 2,94 Ardab pro Feddan. Bei der Betrachtung des prozentualen Produktivitätsanstiegs lag die Steigerung der ersten Gruppe mit 20,9 v.H. etwas unter der Steigerung der zweiten Gruppe mit 24,3 v.H., was durch das relativ niedrige Ausgangsniveau der Produktivität der zweiten Gruppe zu erklären ist.

---

69 Vgl. Kapitel 6.1.1.

6.1.2.2 Mögliche Produktionssteigerung durch die Ausnutzung der Produktivitätsreserven

Die Ermittlung der möglichen Produktionssteigerung, die sich aus der Ausnutzung der Produktivitätsreserven ergibt, beschränkt sich hier auf die im letzten Abschnitt betrachteten Governorate.

Dabei wird vom bestehenden Umfang und der lokalen Verteilung der Weizenflächen ausgegangen. Wie die Berechnung erweist, kann bei einer Anhebung des Produktivitätsniveaus der verschiedenen Governorate auf das Produktivitätsniveau der jeweiligen Beratungsfelder mit einer Produktionssteigerung von insgesamt 2.808.329 Ardab gerechnet werden, was eine relative prozentuale Steigerung von 18,5 v.H. ausmacht. Die Produktion der betrachteten Governorate steigt somit von 15.214.912 auf 18.023.241 Ardab. An dieser Produktionssteigerung sind die Governorate mit relativ günstigen Standorten (die o.g. erste Gruppe) mit 54,2 v.H. (9.772.273 Ardab) beteiligt. Der Anteil der Governorate mit relativ ungünstigen Standorten liegt bei 45,8 v.H. (8.250.968 Ardab). Dies wird in Tabelle 18 illustriert.

Tabelle 18: Mögliche Produktionssteigerung durch Ausnutzung der Produktivitätsreserven bei Weizen

Governorate	Fläche in Feddan	tatsächl. Produktivität in Ardab/ Feddan	tatsächl. produktion in Ardab	mögl. Produktivität in Ardab/ Feddan	mögl. Produktion in Ardab	mögliche Produktionssteigerung in Ardab
Behera	145458	12,6	1832771	14,9	2161506	328735
Gharbija	83889	13,6	1140890	17,3	1451280	310390
Kafr El Shaykh	114664	13,0	1490632	15,7	1799078	308446
Dakahlija	160857	14,0	2251998	15,3	2456286	204288
Damiette	11682	11,2	130838	15,1	176281	45443
Sharkija	172728	12,7	2193646	14,6	2523556	329910
Ismailija	7158	9,0	64422	10,6	75660	11238
Menufija	67619	15,2	1027809	16,9	1140733	112924
Kaljubija	23348	12,3	287180	13,4	313797	26617
Giseh	11412	14,5	165474	21,8	249124	83650
Minja	10951	13,6	148934	17,4	190985	42051
Assjut	109540	15,2	1665008	16,1	1760308	95300
Suhag	137611	12,8	1761420	16,0	2201776	440356
Kena	105389	10,0	1053890	14,5	1522871	468981

Quelle: eigene Berechnungen

6.1.2.3 Ansatzpunkte und Realisierungschancen einer flächendeckenden Steigerung der Flächenproduktivität von Weizen

Im Idealfall könnte ein Vergleich der Produktionsbedingungen der Beratungsfelder und der normalen landwirtschaftlichen Betriebe die Ansatzpunkte für produktivitätssteigernde Maßnahmen präzise ermitteln. Dies ist aufgrund mangelnder Daten der Produktionsbedingungen auf den Beratungsfeldern allerdings nicht möglich. Die Betrachtung der allgemeinen Produktionsbedingungen in der ägyptischen Landwirtschaft[70] läßt folgende Ansatzpunkte als zweckmäßig erscheinen:

1. Bodenverbesserungsmaßnahmen
    Unangepaßte Be- und Entwässerungssysteme, unzureichende Düngung der angebauten Feldfrüchte und mangelhafte oberflächliche Bodenbearbeitung führten zu fortlaufender Verschlechterung der biologischen, chemischen und hydrologischen Eigenschaften des Bodens. Dies zeigt sich vor allem in der Steigerung des Salzgehaltes der Erde sowie in der Verdichtung der Bodenschichten. Allein aufgrund dieser zwei Faktoren verringert sich die Flächenproduktivität zwischen 25 und 35 v.H[71]. Dies ist für Weizenanbau besonders bedeutsam, da Weizen sehr sensibel auf ungünstigen Boden reagiert.

    Zu den wichtigsten Bodenverbesserungsmaßnahmen gehört die Verbesserung der Be- und Entwässerungssysteme. Diese Maßnahme führt zusätzlich zu effizienterem Einsatz des knappen Produktionsfaktors Wassers[72]. Eine tiefe Bodenbearbeitung (Tiefpflügen) ist zur Lockerung der verdichteten Schichten auf den meisten Nutzflächen notwendig, damit Bodenraum und dort vorhandene Nährstoffe von den Pflanzen besser ausgenutzt werden können. Eine weitere Meliorationsmaßnahme stellt die Beseitigung von Bodenunebenheiten dar. Diese ermöglicht eine Auswaschung der unerwünschten Salze und trägt zur Verhinderung neuer Versalzung bei.

2. Verbesserung der Durchführung von Bewirtschaftungs- und Erntearbeiten
    Viele dieser Arbeiten werden mangelhaft, unzweckmäßig und zum falschen Zeitpunkt ausgeführt. Diese Problematik hat sich noch verschärft durch die Abwanderung der z.T. erfahrenen Arbeitskräfte aus der Landwirtschaft. Viele der Arbeiten werden von unerfahrenen Arbeitskräften durchgeführt, was die Arbeitsproduktivität beeinträchtigt. Ein wichtiges Beispiel im Falle Weizen:

---

70 Vgl. El-Kholy 1987, El-Bas 1988, El-Gabaly 1985, Abu-Mandur 1981, NSK 1980 und 1982, Karim 1986.
71 Nach Angaben von Antar Ibrahim, Leiter des Projektes für Bodenverbesserung im Landwirtschaftsministerium.
72 Aus dem Optimierungsmodell in Kap. 6.2.2 wurde ein Schattenpreis für 1 m^3 Wasser in Höhe von 72,5 US$ ermittelt.

Ein großer Teil der Ernte geht wegen der verspäteten Erntearbeiten[73] verloren.

Intensive Schulungs- und Beratungsmaßnahmen sowie Teilmechanisierung der Bewirtschaftungs- und Erntearbeiten sind daher von großer Wichtigkeit.

3. Die Bereitstellung von qualitativ und quantitativ angepaßten Betriebsmitteln

Von zentraler Bedeutung ist die Versorgung der landwirtschaftlichen Betriebe mit Saatgut. Hier bietet sich insbesondere die Einführung der sogenannten "Mexikanischen Sorten" an, neu gezüchtete Weizensorten, die sich neben höheren Erträgen durch stärkere Resistenz gegen Schädlinge und Krankheiten sowie größerer Toleranz gegenüber ungünstigen Bedingungen auszeichnen.

Die neuen Sorten gehören zwei Kategorien an: Sie sind entweder auf die natürlichen Bedingungen bestimmter Anbaugebiete abgestimmt, oder ihr Anbau ist unter verschiedenen natürlichen Bedingungen möglich und ertragreich. Trotz der Vorteilhaftigkeit der neuen Sorten sowohl auf Versuchsebene als auch unter normalen Produktionsbedingungen decken sie nur 19,8 v.H. der gesamten Weizenanbaufläche[74].

Die Verbreitung der neuen Sorten sollte daher im Vordergrund stehen. Düngemittel werden von den Genossenschaften in einem ausreichenden Umfang zu günstigen Bedingungen bereitgestellt. Größere Landbesitzer können ihren Düngebedarf auf dem freien Markt ergänzen. Dies ist für viele kleine Landwirte nicht möglich. Folglich sind die Anbauflächen der Mehrzahl der Betriebe nur ungenügend gedüngt[75]. Das gleiche gilt, wenn auch in geringerem Maße, für Pflanzenschutzmittel. Die ausreichende Versorgung der Landwirtschaft mit Betriebsmitteln stellt daher eine weitere Option zu Produktivitätssteigerung dar.

Die Realisierungschancen dieser Maßnahmen sind unterschiedlich zu beurteilen. Bodenverbesserungsmaßnahmen sowie Mechanisierung bedürfen eines großen Kapitals, das bei den kleinen Landwirten, die die Mehrheit der Betriebe besitzen, nicht vorhanden ist.

Überdies scheinen Bodenverbesserungsmaßnahmen nur für den Fall möglich zu sein, daß der Staat Kosten (resp. einen Teil der Kosten) sowie die organisatorische Durchführung auf Landesebene übernimmt. Dies ist bisher schon in geringem Maße der Fall, jedoch sprechen die Probleme des Staatshaushaltes nicht dafür, daß in absehbarer Zeit solche Prozesse in verstärktem Maße durchgeführt werden könnten.

---

[73] El-Madrus, 1989:5, schätzt diese Verluste auf 20 v.H. der Ernte, Mansur 1981:94 auf 14 v.H.
[74] El-Sayed 1990:10.
[75] Vgl. hierzu die Ergebnisse verschiedener Betriebsstrukturen von Nassr 1983:Anhangstabellen 6 bis 9.

Für einen Ausbau der Mechanisierung besteht eine bessere Chance. Ein Teil der in die arabischen OPEC-Länder abgewanderten Landbewohner investieren ihre Ersparnisse in Maschinen. Aufgrund der kleinen Größe ihrer eigenen Betriebe werden sie gegen Entgelt in anderen Betrieben eingesetzt. Dies gilt allerdings fast nur für Traktoren. Eine bedeutsame Erhöhung der Mechanisierung in der Landwirtschaft erfordert ebenfalls finanzielle und organisatorische Hilfe des Staates in Form von Beratung und Versorgung mit Betriebsmitteln. Entsprechende Maßnahmen würden durch folgende Faktoren begünstigt:

1. Vorhandensein einer Vielzahl von landwirtschaftlichen Fakultäten, landwirtschaftlichen Forschungsinstituten und ausgebildeten Beratern
2. sowie Existenz von lokalen Genossenschaften, die als Verbindungsglied zwischen Forschung und Produktion tätig sein könnten.

Bei produktivitätssteigernden Maßnahmen, deren Steuerung von den Genossenschaften ausgeht, kann mit der Akzeptanz der Landwirte gerechnet werden. Die Genossenschaften genießen im allgemeinen eine positive Beurteilung der Landwirte. Repräsentative Befragungsergebnisse zeigten, daß 88,5 v.H. der Befragten über die Existenz der Genossenschaften "froh" sind, 81 v.H. würden aus den Genossenschaften nicht austreten, wenn alternative Bezugsquellen vorhanden wären[76].

6.1.3 Die lokale Umverteilung der Weizenflächen unter Berücksichtigung der Produktivitätsreserven

Trotz der teilweise beachtlichen Produktivitätssteigerung in der zweiten Gruppe der Governorate haben die Beratungsfelder die These der standortbezogenen produktivitätsrelevanten Vor- bzw. Nachteile bestätigt. Unter der durch zentrale Projektführung weitgehend einheitlichen technischen, organisatorischen und institutionellen Bedingungen der Produktionsprozesse auf den Beratungsfeldern, wiesen diese sehr unterschiedliche Produktivitäten auf (vgl. Tabelle 17). Zwischen der niedrigsten Produktivität von Ismailija (10,6 Ardab) und der höchsten von Giseh (21,8 Ardab) ist eine Bandbreite von 11,2 Ardab. Diese beträgt bei "normalen" Produktionsbedingungen und für die gleichen Governorate 6,2 Ardab. Die Ergebnisse lassen keinen Zweifel daran aufkommen, daß die natürlichen Bedingungen der Anbaugebiete, die wiederum von ihren Lagen abhängig sind, einen entscheidenden Faktor für die Höhe der erreichbaren Produktivität darstellen.

Eine Überprüfung, ob die betrachteten Governorate im Falle einer Ausnutzung der Produktivitätsreserven ihre bisherigen relativen Vor- bzw. Nachteile behalten, bedarf einer näheren Betrachtung:

---

[76] Nassr 1983:60.

In Tabelle 19 werden die Verhältnisse der Governoratsproduktivitäten zum Landesdurchschnitt aufgezeigt und zwar in zwei Versionen:

1. auf der Basis der Produktivitäten, die unter "normalen" Produktionsbedingungen erreicht wurden,
2. auf der Basis der Produktivitäten, die auf den Beratungsfeldern erzielt worden sind.

Dabei werden überdurchschnittliche Produktivitäten mit (+) und unterdurchschnittliche mit (-) bezeichnet.

Tabelle 19: Vergleich der Produktivität der Governorate zur durchschnittlichen Produktivität Ägyptens

Governorate	bei norm. Produktionsbedingungen	bei Beratungsfeldbedingungen
Behera	-	-
Gharbija	+	+
Kafr El Shaykh	-	+
Dakahlija	+	-
Damiette	-	-
Sharkija	-	-
Ismailija	-	-
Menufija	+	+
Kaljubija	-	-
Giseh	+	+
Minja	+	+
Assjut	+	+
Suhag	-	+
Kena	-	-

Quelle: eigene Berechnung

Der Vergleich der beiden Versionen ergibt, daß der größte Teil der Governorate unter den Produktionsbedingungen der Beratungsfelder ihre relativen Vor- bzw. Nachteile wie unter den normalen Produktionsbedingungen behielten. Elf der untersuchten vierzehn Governorate weisen in der Tabelle das gleiche Vorzeichen bei beiden Versionen auf: Gharbija, Menufija, Giseh, Minja und Assjut behalten in beiden Versionen überdurchschnittliche Produktivitäten; Behera, Damiette, Sharkija, Ismailija, Kaljubija und Kena weisen beide Male unterdurchschnittliche Produktivitäten auf. Lediglich in Kafr El Shaykh, Dakahlija und Suhag ändern sich die Verhältnisse ihrer Produktivitäten zum Landesdurchschnitt; dabei verbesserten sie sich in Kafr El Shaykh und Kena von unter- zu überdurchschnittlichem Niveau, während sie sich in Dakahlija von über- zu unterdurchschnittlichem Niveau verschlechterten.

Nach der zweiten Version weisen demnach folgende Governorate überdurchschnittliche Weizenproduktivitäten auf: Gharbija, Kafr El Shaykh, Menufija, Giseh, Minja, Assjut und Suhag. An diese Gruppe muß Beni Suef angeschlossen werden; zwar konnten für dieses Governorat keine Produktivitätsreserven geschätzt werden[77], jedoch konnte die Weizenproduktivität mit 16,5 Ardab unter normalen Produktionsbedingungen den Durchschnitt der zweiten Version (15,6 Ardab) übersteigen.

Die Grenzen der möglichen Weizenanbauflächenerweiterungen in den modifizierten Governoratsgruppen mit überdurchschnittlichen Produktivitäten wurden berechnet und in Tabelle 20 aufgestellt.

Tabelle 20: Grenzen der möglichen Weizenanbauflächenerweiterungen in Governoraten mit überdurchschnittlichen Produktivitäten unter Berücksichtigung der Ausnutzung von Produktivitätsreserven in Feddan

Governorate	Weizenfläche 1988	Grenzwerte mögl. Flächen		Grenzwerte mögl. Flächenerweiterung	
		untere	obere	untere	obere
Gharbija	83889	103609	155414	19720	71525
Kafr El Shaykh	114664	140326	210489	25662	95825
Menufija	67619	48697	127046	17078	59427
Giseh	11412	31493	47240	20081	35828
Beni Suef	61148	72679	109019	11531	47871
Minja	10951	72679	170237	102540	159286
Assjut	109540	0	1354690	0	25929
Suhag	137611	0	0	0	0
Summe:	596834			196612	495691

Quelle: eigene Berechnung

Demnach können mindestens 196.612 Feddan Weizen mehr angebaut werden, vorausgesetzt, daß in jedem 3. Jahr Weizen angebaut wird. Die höchstmögliche Erweiterung bei einem Anbau in jedem zweiten Jahr beträgt 495.691 Feddan. Bezogen auf die gesamte Weizenfläche der untersuchten Governorate liegt die mögliche Flächenerweiterung zwischen 32,9 und 83,1 v.H. der ursprünglichen Anbaufläche.

Die aus einer solchen Flächenerweiterung zu erwartende Produktionssteigerung beträgt bei einer Erweiterung bis zu den unteren Grenzen 1.839.115 Ardab; würde die Erweiterung bis zu den oberen Grenzen durchgeführt werden, so könnte man 8.506.106 Ardab Weizen mehr gewinnen (vgl. Tabelle 21).

---

77 aufgrund mangelnder Daten über die Produktivität der Beratungsfelder

Tabelle 21: Grenzen der möglichen Produktionssteigerung durch Erweiterung der Anbaufläche in Governoraten mit überdurchschnittlicher Produktivität unter Berücksichtigung der Produktivitätsreserven

	Flächenerweiterung in Feddan		Produktivität in Ardab/ Feddan	Produktionssteigerung in Ardab	
Governorate	3 jähr. Turnus	2 jähr. Turnus		3 jähr. Turnus	2 jähr. Turnus
Gharbija	19720	71525	17,3	341156	1237383
Kafr El Shaykh	25662	95825	15,7	402893	1504452
Menufija	17078	59427	16,9	288618	1004316
Giseh	20081	35828	21,8	437766	781050
Beni Suef	11531	47871	16,5	190262	789872
Minja	102540	159286	17,4	178420	2771576
Assjut	0	25929	16,1	0	417457
Suhag	0		16,0	0	0
Summe:				1839115	8506106

Quelle: eigene Berechnung

Bezogen auf die Produktion dieser Governorate insgesamt unter Berücksichtigung der Ausnutzung der Produktionsreserven liegen die Grenzen der Produktionssteigerung zwischen 24,5 und 113,4 v.H. der Produktion aus den ursprünglichen Flächen.

Die insgesamt mögliche Produktionssteigerung in den untersuchten Governoraten durch parallele Ansätze der beiden Maßnahmen, nämlich Ausnutzung der Produktivitätsreserven sowie Erweiterung der Anbaufläche, wird in Tabelle 22 aufgestellt.

Tabelle 22: Grenzen der möglichen Produktionssteigerung durch Ausnutzung der Produktivitätsreserven und Erweiterung der Anbauflächen in Governoraten mit überdurchschnittlicher Produktivität

Governorate	ursprüngl. Produktion in Ardab	mögliche Produktionssteigerung durch Reserveausnutzung in Ardab	mögliche Produktionssteigerung durch Flächenerweiterung in Ardab		gesamte mögliche Produktionssteigerung in Ardab	
			untere	obere	untere	obere
Gharbija	1140890	310390	341156	1237383	651546	1547773
Kafr El Sh.	1490632	308446	402893	1504452	711339	1812898
Menufija	1027809	112924	288618	1004316	401542	1117240
Giseh	165474	8365	437766	781050	521416	864700
Beni Suef	100894	0	1900262	789872	190262	789872
Minja	148934	42051	178420	2771578	220471	3603499
Assjut	1665008	95300	0	417457	95300	512757
Suhag	1761420	440356	0	0	440356	440356
Summe:	7501061	1393117	1839115	8506106	3232232	10689095

Quelle: eigene Berechnung

Danach besteht die Möglichkeit, die produzierte Weizenmenge in einem Umfang zwischen 3.232.232 und 10.689.095 Ardab zu steigern. Bezogen auf die ursprüngliche (tatsächliche) Produktion der Governorate von 7.501.061 Ardab, bedeutet dies einen relativen Anstieg von 43,1 bis 142,5 v.H.

Auch bei dem parallelen Ansatz der beiden Maßnahmen stellen die obigen Berechnungen nur ein Beispiel der möglichen Produktionssteigerung dar: Denn ebenso wie eine Erweiterung der Flächen unter den bestehenden Produktionsbedingungen kann eine Umverteilung der Weizenflächen nach einer Ausnutzung der Produktivitätsreserven weitergeführt werden, solange Flächenreserven in Governoraten mit höheren Produktivitäten und Weizenflächen in Governoraten mit niedrigeren Produktivitäten bestehen.

6.2 Steigerung der Weizenproduktion durch Erweiterung der Anbaufläche - ein lineares Optimierungsmodell

Die Behandlung der Weizenfrage in Ägypten ist vor dem Hintergrund zu sehen, daß Ägypten außerhalb des "Weltweizengürtels" liegt. Daraus wird in der Regel die Schlußfolgerung gezogen, daß der Weizenanbau mit komparativen Kostennachteilen verbunden sein muß.

Die Diskussion über die Weizenversorgung alterniert zwischen einer Befürwortung des Wirtschaftlichkeitsprinzips und dem Postulat einer weitestgehenden Autarkie. Die Befürworter einer höheren Selbstversorgung und einer damit implizit verbundenen Ausweitung des Weizenanbaus argumentieren, daß man ökonomische Nachteile in Kauf nehmen könne, um eine höhere Selbstversorgung zu erreichen. Im Gegensatz dazu lautet das Argument der Befürworter der Importpolitik, die ohnehin strapazierte wirtschaftliche Lage könne durch ökonomische Nachteile, verursacht durch verstärkten Weizenanbau, nicht noch weiter belastet werden. Die Wurzel dieser Kontroverse liegt in der traditionellen historischen Alternativsetzung "Baumwolle oder Weizen". Tatsächlich bestand bis Anfang der 70er Jahre eine deutlich negative Korrelation zwischen Weizen- und Baumwollanbau. Je nach aktuellen Prioritäten und wirtschaftlichen Zielsetzungen wurde mehr Weizen und weniger Baumwolle oder mehr Baumwolle und weniger Weizen angebaut, wobei bis dahin ein Teil der Exporteinnahmen ausreichte, um die Weizenimporte zu finanzieren.

Diese traditionelle Konfrontation von "Weizen und Baumwolle" sowie die daraus resultierende Annahme, daß Weizenanbau mit ökonomischen Nachteilen behaftet sei, bedarf aus folgenden Gründen einer aktuellen Überprüfung:

1. Die latente Verzerrung der Agrarpreise, von der die verschiedenen Produkte sehr unterschiedlich betroffen sind, macht die Wirtschaftlichkeit der Ressourcenallokation im Agrarsektor nur schwer beurteilbar.

2. Die Umfänge der Flächen von Weizen und Baumwolle erweitern sich nicht mehr auf Kosten der jeweils anderen Frucht, sondern gehen beide zugunsten der Kleeflächen zurück.

3. Die insbesondere in den 80er Jahren erreichte Steigerung der Flächenproduktivität von Weizen, durch die Ägypten von der 17. auf die 8. Stelle der weizenproduzierenden Länder vorrückte, ist bei den mit Weizen konkurrierenden Agrarprodukten nicht in gleichem Maße erreicht worden.

4. Die überproportionale Steigerung des Inlandspreises für Futtermittel, von der Klee sowie die Nebenprodukte der anderen Kulturen betroffen sind, läßt eine

Vernachlässigung der Nebenprodukte[78] bei der Überprüfung der Wirtschaftlichkeit der Agrarprodukte und damit auch des Weizens unzulässig erscheinen.

Im Folgenden wird versucht, zum einen eine aktuelle Überprüfung der volkswirtschaftlichen Auswirkungen des Weizenanbaus anhand eines linearen Optimierungsmodells durchzuführen, zum anderen aus den Ergebnissen des Optimierungsmodells Schlüsse für die Möglichkeit der Erweiterung des Weizenanbaus zu Lasten anderer Agrarprodukte zu ziehen.

6.2.1 Aufbau des linearen Optimierungsmodells

Die Zielfunktion

Die Zielgröße des Modells ist die sektorale Einkommensgröße des landwirtschaftlichen Sektors bezüglich pflanzlicher Produkte. Das sektorale Einkommen ergibt sich aus der Summe der in einem Landwirtschaftsjahr erzielbaren Deckungsbeiträge der angebauten Feldfrüchte.

Das Modell berücksichtigt das komplizierte Anbausystem der ägyptischen Landwirtschaft, nach dem in einem Jahr zwei Feldfrüchte hintereinander angebaut werden können. Für den Aufbau des Modells bedeutet dies, daß nicht nur Weizen und mit ihm konkurrierende wichtige Winterkulturen, sondern auch die in jedem Fall angebauten Sommerkulturen berücksichtigt werden. Um dieses Prinzip zu erläutern, werden in Tabelle 23 die möglichen Anbaukombinationen aus Sommer- und Winterkulturen (x_i) aufgezeigt, wobei der Anbau einer Feldfrucht mit bestimmten Kombinationen verbunden ist, die gleichzeitig den Anbau anderer Feldfrüchte ausschließen. Berücksichtigt werden nur solche Sommerkulturen, deren Anbau auf entsprechend großen Flächen (über 100.000 Feddan) vorgenommen wird.

---

78 z.B. Weizenstroh, Reisstroh und Baumwollsamen

Tabelle 23: Mögliche Anbaukombinationen aus Sommer- und Winterkulturen

Kulturen:				
Winter \ Sommer	Baumwolle	Reis	Mais	Sorghum
Kurzzeitklee	x_1			
Klee		x_2	x_3	x_4
Weizen		x_5	x_6	x_7
Bohnen		x_8	x_9	x_{10}
Gerste		x_{11}	x_{12}	x_{13}

Quelle: eigene Darstellung

Die Anbaukombinationen werden wie folgt interpretiert:
x_1 Kurzzeitklee gefolgt von Baumwolle
x_2 Klee   "   "   Reis
x_3 "   "   "   Mais
x_4 "   "   "   Sorghum
x_5 Weizen   "   "   Reis
x_6 "   "   "   Mais
x_7 "   "   "   Sorghum
x_8 Bohnen   "   "   Reis
x_9 "   "   "   Mais
x_1 "   "   "   Sorghum
x_1 Gerste   "   "   Reis
x_1 "   "   "   Mais
x_{13} "   "   "   Sorghum

Analog dazu werden die Deckungsbeiträge (kurz: DB) pro Feddan (c_i), berechnet als aggregierte Einkommensgröße, als Summe der DB der in der Kombination vorhandenen Feldfrüchte ausgewiesen.

Die Zielfunktion lautet somit:

$$\sum_{i=1}^{n} c_i x_i \rightarrow \max !$$

<u>Preis- und Bewertungsbasis</u>
Um eine Auswirkung der verzerrten Inlandspreise auf die Modellergebnisse zu vermeiden, wird die Berechnung der DB auf Basis des Weltmarktpreises bzw. weltmarktpreisäquivalent durchgeführt wie folgt:

→ Verwendung von cif-Preisen für Produkte, die selbst oder deren substituierende Produkte importiert werden, darunter fallen: Weizen, Gerste, Bohnen, Mais und Sorghum.

→ Verwendung von fob-Preisen für Produkte, die exportiert werden. Darunter fallen: Baumwolle und Reis.

→ Für Kurzzeitklee, Klee und die Nebenprodukte der anderen Kulturen wurde der Preis wie folgt berechnet:

die Produkt- bzw. Nebenproduktmenge aus einem Feddan wurde in Stärkeeinheiten umgerechnet;

für eine Tonne Sorghum wurde ebenfalls der Gehalt an Stärkeeinheiten berechnet;

über den cif-Preis für Sorghum konnte ein Importpreis für die Stärkeeinheiten der Futtermittel errechnet werden;

die Preise für die im Modell betrachteten Futtermittel wurden je nach ihrem Inhalt an Stärkeeinheiten in Anlehnung an den Sorghumpreis berechnet;

die Wahl von Sorghum als Basis der Berechnung basiert darauf, daß Sorghum das einzige importierte Agrarprodukt ist, das in Ägypten nur als Futtermittel Verwendung findet.

→ Für das Nebenprodukt Baumwollsamen wurden die cif-Preise verwendet, da Ägypten Öl und Ölsamen importiert.

→ Die Produktionskosten wurden weltmarktpreisäquivalent wie folgt berechnet[79]:

Aus der Relation zwischen Weltmarktpreis P_w und Inlandpreis P_i wurde ein gewogener Preisindex der auf dem Weltmarkt handelbaren Produktionsfaktoren ermittelt (P_w/P_i). Die Berechnung des Weltmarktpreisäquivalents für die Produktionsfaktoren erfolgte auf der Basis des ermittelten Preisindex. Dabei wurden die Inlandspreise von Subventionen bereinigt und zum offiziellen Wechselkurs umgerechnet.

→ Die Währung der Berechnung ist der US$.

→ Um irreführende, außergewöhnliche Jahreswerte zu vermeiden, wurde für alle Mengen- und Preisangaben des Modells ein Fünfjahresdurchschnitt berechnet.

In Tabelle 24 sind die Ergebnisse der unter den o.g. Prämissen durchgeführten DB-Rechnung zusammengestellt.

---

79 Vgl. dazu Rüdenauer und Ruthenberg, Teil 2, 1977:44.

Tabelle 24: Berechnung der DB für die Hauptkulturen Ägyptens auf dem Weltmarkt

Kurzzeitklee:

Jahr	Menge in t	Preis in US$	Marktleis- tung in US$	Sachkos- ten in US$	Deckungs- beitrag in US$
1984	1,11	119,0	131,60	46,60	85,00
1985	1,29	107,0	138,03	60,40	77,63
1986	1,15	88,4	101,66	66,06	35,60
1987	1,17	80,7	94,40	74,68	19,72
1988	1,27	101,4	128,50	76,60	51,90
Durchschnitt					53,97

Klee:

Jahr	Menge in t	Preis in US$	Marktleis- tung in US$	Sachkos- ten in US$	Deckungs- beitrag in US$
1984	2,89	146,0	422,0	103,0	319,0
1985	3,07	137,9	405,9	146,4	259,0
1986	3,06	108,5	332,0	159,6	162,4
1987	3,18	98,5	313,2	168,9	144,3
1988	3,22	124,5	400,90	169,3	231,6
Durchschnitt					223,26

Weizen:

	Hauptprodukt		Nebenprodukt				
Jahr	Menge in t	Preis in US$	Menge in t	Preis in US$	Marktleistung in US$	Sachkosten in US$	Deckungs- beitrag in US$
1984	1,53	197,3	2,3	60,39	440,77	159,1	281,67
1985	1,57	209,4	2,3	54,31	453,68	199,5	254,18
1986	1,59	194,5	2,4	44,85	416,89	217,2	199,73
1987	1,97	224,9	2,5	40,63	544,62	211,7	332,92
1988	1,99	329,7	2,6	51,47	789,92	231,8	558,12
Durchschnitt							325,32

Tabelle 24 (Fortsetzung)

Bohnen:

	Hauptprodukt		Nebenprodukt				
Jahr	Menge in t	Preis in US$	Menge in t	Preis in US$	Marktleistung in US$	Sachkosten in US$	Deckungs-beitrag in US$
1984	1,00	458,44	1,2	43,53	510,67	151,5	359,17
1985	1,06	498,31	1,2	39,15	575,18	172,0	403,18
1986	1,04	485,30	1,2	32,33	543,50	187,0	356,50
1987	1,13	422,50	1,3	29,29	515,49	254,3	261,19
1988	0,99	584,80	1,1	37,10	619,76	267,8	351,95
Durchschnitt							346,40

Gerste:

	Hauptprodukt		Nebenprodukt				
Jahr	Menge in t	Preis in US$	Menge in t	Preis in US$	Marktleistung in US$	Sachkosten in US$	Deckungs-beitrag in US$
1984	1,14	123,44	1,5	41,43	202,86	144,5	58,36
1985	1,17	112,31	1,5	37,25	187,27	166,4	20,87
1986	1,18	87,29	1,5	30,76	149,16	189,2	-40,04
1987	1,21	77,50	1,6	27,87	138,37	187,5	-49,13
1988	1,23	103,80	1,6	35,31	184,17	191,6	- 7,43
Durchschnitt							-3,47

Tabelle 24 (Fortsetzung)

Baumwolle:

Jahr	Hauptprodukt		Samen		Nebenprodukt		Marktleistung in US $	Sachkosten in US $	Deckungsbeitrag in US $
	Menge in t	Preis in. US $	Menge in t	Preis in US $	Menge in t	Preis in US $			
1984	1,07	2786,9	0,65	329,0	1,7	7,02	3207,77	223,0	2984,77
1985	1,07	2969,5	0,66	266,0	1,7	6,31	3363,64	227,3	3136,34
1986	1,03	3025,6	0,64	193,1	1,7	5,21	3248,81	249,0	2999,81
1987	0,97	2992,5	0,60	225,0	1,7	4,72	3045,74	242,8	2802,94
1988	0,85	5693,9	0,53	291,6	1,7	5,98	5004,52	262,1	4742,42
Durchschnitt									3333,25

Tabelle 24 (Fortsetzung)

Reis:

Jahr	Hauptprodukt		Nebenprodukt		Marktleistung in US$	Sachkosten in US$	Deckungs-beitrag in US$
	Menge in t	Preis in US$	Menge in t	Preis in US$			
1984	2,24	317,8	1,8	39,32	792,17	236,2	556,57
1985	2,49	324,6	1,7	35,36	868,36	264,0	604,36
1986	2,42	400,0	1,7	29,20	1017,64	281,2	736,44
1987	2,44	393,2	1,7	26,46	1004,38	299,7	704,68
1988	2,45	391,9	1,6	33,51	1013,76	334,8	678,96
Durchschnitt							656,20

Mais:

Jahr	Hauptprodukt		Nebenprodukt		Marktleistung in US$	Sachkosten in US$	Deckungs-beitrag in US$
	Menge in t	Preis in US$	Menge in t	Preis in US$			
1984	1,88	197,3	2,2	49,15	479,05	190,8	288,25
1985	1,94	209,4	2,1	44,20	499,05	199,4	299,65
1986	1,90	194,5	2,0	36,40	442,35	212,9	229,45
1987	2,01	224,9	2,2	33,07	524,80	227,6	297,20
1988	2,09	329,7	2,0	41,89	772,85	253,0	519,85
Durchschnitt							326,88

Sorghum:

Jahr	Hauptprodukt		Nebenprodukt		Marktleistung in US$	Sachkosten in US$	Deckungs-beitrag in US$
	Menge in t	Preis in US$	Menge in t	Preis in US$			
1984	1,55	140,4	2,0	39,32	296,32	171,8	124,52
1985	1,62	126,3	2,1	35,36	278,85	179,1	99,75
1986	1,64	104,3	2,1	29,20	232,37	191,1	41,27
1987	1,75	94,5	2,3	26,46	226,23	205,9	20,39
1988	1,88	119,7	2,4	33,51	305,45	227,7	17,75
Durchschnitt							72,72

Die Restriktionen

1. Bodenrestriktion
   Von der gesamten Nutzfläche Ägyptens wurden die Flächen der für den Anbau im Modell nicht betrachteten Kulturen abgezogen. Die Restfläche stellt die Größe der Bodenrestriktion dar; sie beträgt 4,87 Mio. Feddan.

2. Fruchtfolgerestriktionen
   Der ökologische Aspekt spielt bei der Festsetzung der Restriktionen die Schlüsselrolle. Im Hinblick auf das Ressourcenerhaltungsprinzip wurde von folgender Regel ausgegangen: eine Kultur (in allen Kombinationen) darf auf ein- und derselben Fläche partiell nur in jedem zweiten Jahr (auf Böden des 1. und 2. Fruchtbarkeitsgrades) bzw. in jedem 3. Jahr (auf Böden des 3. und 4. Fruchtbarkeitsgrades)[80] angebaut werden. Nach eigener Berechnung beträgt der Anteil der Böden 1. und 2. Grades 51 v.H. der Nutzfläche; der Anteil der Böden 3. und 4. Grades liegt bei 49 v.H. der Nutzfläche. Ausgehend von der Annahme, daß diese Relation auch für den Boden gilt, auf dem die betrachteten Kulturen angebaut werden, wurde eine Fruchtfolgerestriktion von 2,048 Mio. Feddan für jede der Anbaukombinationen berechnet.

3. Wasserrestriktion
   Der gesamte Anbau der im Modell untersuchten Kulturen wird auf bewässerten Böden durchgeführt. Die Wassermenge, die Ägypten jährlich zur Verfügung steht, ist durch internationale Abkommen mit den anderen Nilstaaten festgelegt. Daher ist Wasser als restriktiver Faktor anzusehen. Weil der Staudamm in Assuan eine Regulierung der Wassermenge nach Bedarf während des Jahres gewährleistet, wurde die Wasserrestriktion nicht auf Monats- sondern auf Jahresbasis berechnet. Von der für die landwirtschaftliche Produktion verfügbaren Wassermenge, die hinter dem Assuandamm zur Verfügung steht, wurde der Bedarf für die im Modell nicht betrachteten Kulturen abgezogen. Die restliche Wassermenge von 30.511 Mio. m^3 stellt die Größe der Wasserrestriktion dar. Für die Bestimmung der gesamten Wassermenge sowie des Bedarfs einzelner Anbaufrüchte sind die Verluste auf dem Weg vom Assuandamm bis hin zum Feld berücksichtigt worden.

4. Restriktionen nicht-natürlichen Charakters
   Da das Modell die optimale Anbaustruktur möglichst ohne verzerrende, irreführende Faktoren ermitteln soll, wird hier versucht, möglichst wenige nicht natürliche Restriktionen zu betrachten. Um der Realität jedoch nahe zu bleiben, wurden zwei weitere restriktive Faktoren berücksichtigt:

---

80 Vgl. CAPMAS 89: Bulletin für Bewässerung und Wasserquellen.

a) der Mindestbedarf der ägyptischen Textilindustrie an Langfaserbaumwolle aus eigener Produktion sollte gewährleistet sein. Eine Mindestfläche des Baumwollanbaus von 0,80 Mio. Feddan wird daher als Restriktion vorgegeben.

b) Für die Kulturen, die Ägypten noch nie exportiert hat, wurde eine Restriktion eingeführt, welche die maximal zulässige Anbaufläche im Hinblick auf die Deckung des Inlandbedarfs darstellt. Sollte diese Fläche höher sein als die, welche durch die Fruchtfolgerestriktion erlaubt wird, so erübrigt sich eine zusätzliche Restriktion. Danach bedürfen nur die Kulturen Bohnen, Gerste und Sorghum zusätzlicher Restriktionen, deren Höhe 0,42, 0,12 und 0,44 Mio. Feddan beträgt.

Der Aufbau des Modells kann im Ausgangstableau nachvollzogen werden (vgl. Tabelle 25).

6.2.2 Ergebnisse des Optimierungsmodells

Die Zielgröße "sektorales Einkommen der Landwirtschaft" beträgt bei der ermittelten optimalen Anbaustruktur 8.536.790.561 US$. Die optimale Verknüpfung der Kombinationen selbst ist aus Tabelle 25 zu ersehen (vgl. hierzu Tabelle 25).

Tabelle 25: Die Anbauflächen der Produktkombinationen nach Ergebnissen des Optimierungsmodells

Kultur Winter \ Sommer	Baumwolle	Reis	Mais	Sorghum
Kurzzeitklee	2.038.000			
Klee		0	0	0
Weizen		0	1.917.880	0
Bohnen		301.880	120.120	0
Gerste		0	0	0

Die Flächen der einzelnen Produkte sind wie folgt zu interpretieren:

Kurzzeitklee	(x_1)	=	2.038.000 Feddan
Klee	$(x_2 + x_3 + x_4)$	=	0 Feddan
Weizen	$(x_5 + x_6 + x_7)$	=	1.917.880 Feddan
Bohnen	$(x_7 + x_8 + x_9)$	=	422.000 Feddan
Gerste	$(x_{10} + x_{11} + x_{12})$	=	0 Feddan
Baumwolle	(x_1)	=	1.038.000 Feddan
Reis	$(x_2 + x_5 + x_8 + x_{11})$	=	301.880 Feddan

Mais $(x_3 + x_6 + x_9 + x_{12})$ = 2.038.000 Feddan
Sorghum $(x_4 + x_7 + x_{10} + x_{13})$ =   0 Feddan

Die Grenzkosten für die in die Anbaustrukturen nicht aufgenommenen Kombinationen lauten:

x_2 (Klee + Reis)	=- 276,1 US$
x_3 (Klee + Mais)	=- 276,1 US$
x_4 (Klee + Sorghum)	=- 321,0 US$
x_5 (Weizen + Reis)	= 0,0 US$
x_7 (Weizen + Sorghum)	=- 44,9 US$
x_{10} (Bohnen + Sorghum)	=- 44,9 US$
x_{11} (Gerste + Reis)	=- 316,1 US$
x_{12} (Gerste + Mais)	=- 316,1 US$
x_{13} (Gerste + Sorghum)	=- 360,8 US$

Die Grenzgewinne aus der Duallösung:

Baumwolle	2.896,6 US$
Bohnen	59,6 US$
Mais	209,1 US$

Zum Vergleich der Modellergebnisse siehe Tabelle 28 im Anhang.

6.2.3 Interpretation der Modellergebnisse

Die ermittelten Anbauflächen für Baumwolle, Mais und Bohnen erreichen die im Modell festgesetzten Höchstgrenzen, woraus die höhere Rentabilität des Anbaus dieser Kulturen verglichen mit anderen Kulturen zu ersehen ist. Dieses Ergebnis korrespondiert mit den Grenzgewinnwerten der Duallösung. Eine Erhöhung der Höchstflächenrestriktion der drei Kulturen um ein Feddan bewirkt eine Steigerung des sektoralen Einkommens um 2.896,6 US$, 59,6 US$ und 209,1 US$ für Baumwolle, Bohnen und Mais.

Hingegen werden die Produkte Klee, Gerste und Sorghum in die ermittelte optimale Anbauplanung gar nicht aufgenommen, was auf der Inrentabilität ihres Anbaus in Ägypten beruht. Die Grenzkosten der angebauten Kombinationen (= Opportunitätskosten) zeigen, inwieweit sich das sektorale Einkommen verringert, wenn diese Kombinationen angebaut werden sollten. Die Anbaukombinationen, die Klee enthalten (x_1, x_3 und x_4) sind durch relativ hohe Grenzkosten gekennzeichnet (276,1 US$, 276,1 US$ und 321,0 US$). Dies gilt auch für die Gerstekombinationen (x_{11}, x_{12} und x_{13}), welche die höchsten Grenzkosten aufweisen (316,1 US$, 316,1 US$

und 360,8 US$). Die Höhe der Grenzkosten der Sorghumkombinationen ist von der Kombinationskultur abhängig; so weist die Kombination Klee - Sorghum (x_4) um das Vielfache höhere Grenzkosten auf als die Kombination Weizen - Sorghum (x_7) und Bohnen - Sorghum (x_{10}). Die Grenzkosten von x_4 betragen 321,0 US$, von x_7 und x_{10} nur 44,9 US$. Diese Werte bestätigen die verhältnismäßig hohe Rentabilität von Weizen und Bohnen.

Die Kombination Weizen - Mais stellt einen Sonderfall dar, für den weder Grenzkosten noch Grenzgewinn entstehen (neutraler Wert). Weil der Optimierungsprozeß nur Variablen, die den Zielwert erhöhen, im Ergebnis enthält, ist diese Kombination in der Lösung nicht erschienen.

Reis ist zwar in der optimalen Anbauplanung vertreten, jedoch mit einer Fläche, die weit unter der Höchstgrenze liegt. Da die errechneten DB für Reis weit über dem von ebenfalls in Sommerkultur angebauten Mais stehen, der bis zur Höchstgrenze im Modell angebaut werden soll, wirkt der hohe Wasserbedarf von Reis als begrenzender Faktor.

Die Weizenfläche (1.917.880 Feddan), die nur sehr knapp unter der Höchstgrenze liegt, deutet auf die hohe Rentabilität des Weizenanbaus hin. Dies ist auch den relativ geringen Grenzkosten der Weizenkombination zu entnehmen, die nicht in der Lösung erscheint (Weizen - Sorghum), sowie aus dem neutralen Grenzwert der Kombination Weizen - Mais.

6.2.4 Auswirkungen der Variationen der Weizenanbaufläche auf die sektorale Einkommensgröße

Die Weizenanbaufläche lag in Ägypten 1989 bei 1,53 Mio. Feddan; die im Optimierungsfall ermittelte Fläche beträgt 1,92 Mio. Feddan, und die unter Berücksichtigung der Fruchtfolgerestriktion höchstmögliche Fläche beträgt 2,04 Mio. Feddan.

Dieses Kapitel beschäftigt sich mit der Frage, wie die Zielgröße des Optimierungsmodells auf die Variationen der Weizenanbaufläche im Bereich zwischen Ist-Situation und höchstmöglicher Anbaufläche reagiert. Zu diesem Zweck wird eine zusätzliche Weizenrestriktion in das Optimierungsmodell eingeführt. Die Höhe der Restriktion variiert in den o.g. Bereichen (vgl. Tabelle 26 bis 28 im Anhang).

Die Zielgröße reagiert auf eine Erweiterung der Weizenanbaufläche um 1 Feddan mit einer Steigerung in Höhe von 234,5 US$. Dies gilt für den Bereich, der zwischen der Ist- und der Optimalsituation liegt. Eine Erweiterung der Weizenfläche über die optimale Fläche hinaus brächte eine Minderung des sektoralen Einkommens um 62,1 US$ pro Feddan. Demnach brächte eine Steigerung der Weizenfläche von der optimalen Fläche bis zur höchstmöglichen Fläche eine Minderung des sektoralen Einkommens in Höhe von 7,46 Mio. US$.

Abbildung 39 veranschaulicht die Auswirkungen der schrittweisen Variation der Weizenfläche auf die sektorale Einkommensgröße.

Abbildung 39: Mögliche Auswirkungen der Weizenfläche auf die sektorale Einkommensgröße

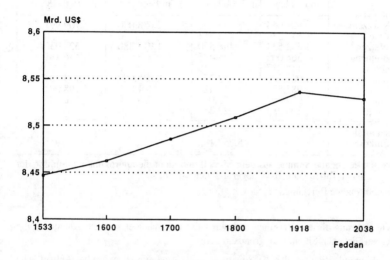

Quelle: Eigene Berechnungen

6.2.5 Mögliche Erweiterung der Weizenfläche im Rahmen der Modellergebnisse

Bevor aus den Modellergebnissen für die mögliche Erweiterung der Weizenfläche Schlußfolgerungen gezogen werden, wird ein Vergleich der Anbauplanung der Ist-Situation mit der Optimallösung des Modells vorgenommen. Grundlage für diese Untersuchung ist die Ist-Planung des Jahres 1989; der Vergleich der sektoralen Einkommen basiert auf den aus dem Modell errechneten DB für die beiden Vergleichssituationen (vgl. Tabelle 26).

Tabelle 26: Anbauplanung und sektorale Einkommen bei Ist- und Optimierungssituation

Kultur	Istsituation		Optimierungssituation	
	Anbaufläche in Feddan	DB in 1000 US$	Anbaufläche in Feddan	DB in 1000 US$
Kurzzeitklee	801.664	43.266	2.038.000	109.991
Klee	1.846.336	412.213	0	0
Weizen	1.532.534	498.570	1.917.880	623.932
Bohnen	368.000	127.475	422.000	146.181
Gerste	118.237	- 410	0	0
Baumwolle	1.006.000	3.353.250	2.038.000	6.793.164
Reis	983.573	645.421	301.880	198.094
Mais	2.004.067	655.089	2.038.000	666.181
Sorghum	305.984	22.251	0	0
sektorales Einkommen		5.757.125		8.356.791*

* Die genaue Summe aus dem Modell und nicht die approximative Summe der in der Tabelle auf- bzw. abgerundeten Zahlen.
Quelle: eigene Berechnung

Wie sich aus diesem Vergleich ablesen läßt, unterscheidet sich die Anbauplanung der verglichenen Situationen grundsätzlich:

- Während Klee in der Ist-Situation nach Mais die zweitgrößte Anbaufläche einnimmt, wird in der optimierten Anbaukombination auf seinen Anbau gänzlich verzichtet.
- Weizen erhält in der Optimalkombination eine größere Anbaufläche von 385.000 Feddan mehr als in der Ist-Situation.
- Die Anbaufläche von Bohnen wird in der Optimalkombination um 54.000 Feddan vergrößert.
- Gerste, die in der Ist-Situation relativ begrenzt angebaut wird, erscheint in der Optimierungssituation nicht mehr; das gleiche gilt für Sorghum.
- Die Baumwollfläche beträgt in der Optimierungssituation das Zweifache der Ist-Situation; ähnlich verhält es sich bei dem mit Baumwolle verbundenen Kurzzeitklee.
- Die Reisfläche verringert sich in der Optimierungssituation auf ein Drittel ihrer Fläche der Ist-Situation.
- Lediglich bei Mais ändert sich die Fläche nur wenig: sie ist in der Ist-Situation geringfügig größer als in der optimalen Situation.

Der Vergleich des aus den beiden Anbauplanungen erreichten gesamten sektoralen Einkommens auf Weltmarktpreisbasis läßt deutlich erkennen, daß die praktizierte

Anbauplanung äußerst ineffizient ist. Das aus der Optimalsituation erzielbare Einkommen von 8.357 Mio. US$ übersteigt das Einkommen aus der Ist-Situation von 5.757 Mio. US$ beziehungsweise 31,3 v.H. Dies verdeutlicht die negativen Auswirkungen der verzerrten Inlandspreise auf die Effizienz der Ressourcenallokation in der Landwirtschaft.

Aus den Ergebnissen des Optimierungsmodells sowie aus dem ergänzenden obigen Vergleich kristallisieren sich folgende Schlußfolgerungen im Hinblick auf die Möglichkeit einer Erweiterung der Weizenfläche heraus:

1. Grundsätzlich ist eine Erweiterung der Weizenanbaufläche nicht nur möglich, sondern auch sinnvoll, weil so eine effizientere Anbauplanung und somit ein höheres sektorales Einkommen erreicht werden kann.

2. Unter Berücksichtigung des Ressourcenerhaltungsprinzips, auf dem die Festsetzung der Fruchtfolgerestriktion basiert, stehen für die Bestimmung des Umfanges einer möglichen Weizenerweiterung zwei Alternativen zur Verfügung:

   a) Wenn dem Effizienz-Ziel höhere Priorität eingeräumt würde als dem Ziel einer höheren Selbstversorgung, so könnte die Weizenfläche, ausgehend von der Ist-Fläche, bis zu ihrer Optimierungsfläche erweitert werden. Der Umfang der möglichen Erweiterung betrüge somit 385.346 Feddan; bezogen auf die Ist-Fläche bedeutet dies eine Steigerung von 25,1 v.H.
   Die dadurch entstehende Steigerung des sektoralen Einkommens beträgt 234,5 US$ aus jedem zusätzlichem Feddan Weizen und 90.26 Mio. US$ aus dem gesamten Umfang der Erweiterung.

   b) Sollten die in a) genannten Prinzipien ihre Prioritäten wechseln, so könnte die Weizenfläche weiter bis zu den Grenzen der Fruchtfolgerestriktion erweitert werden. Der Umfang dieser Erweiterung betrüge 505.466 Feddan, was 33,0 v.H. der Ist-Fläche ausmacht.
   Der dadurch entstehende volkswirtschaftliche Verlust beträgt 62,1 US$ aus jedem zusätzlichen Feddan Weizen bzw. 7,46 Mio. US$ für den gesamten Umfang der Erweiterung.

3. Die Erweiterung der Weizenfläche soll aus ökonomischer Sicht zu Lasten der Anbaufläche der Kulturen gehen, die in der Optimierungsplanung nicht aufgenommen worden sind. Darunter fallen Klee und Gerste.

6.2.6 Implikationen und Realisierungschancen einer Erweiterung der Weizenanbauflächen auf Kosten anderer Kulturen

Die Erweiterung der Weizenanbaufläche zu Lasten der Anbauflächen anderer Produkte könnte sowohl ökonomisch als auch ernährungspolitisch von Vorteil sein. Die dadurch erzielbare Steigerung der Weizenproduktion führt neben den direkten positiven Auswirkungen auf die Sicherheit der Ernährung zu einem indirekten Effekt, in dem sie zu einer Steigerung des sektoralen Einkommens führt.

Die Auswahl der Kulturen, auf deren Kosten der Weizenanbau erweitert werden sollte, entscheidet ebenfalls über die ernährungspolitischen Folgen der Maßnahmen. Die Anbauflächen für Baumwolle sollte daher als Austauschfläche zum Weizenanbau ausgeschlossen werden, denn:

- Baumwollanbau realisiert mit weitem Abstand den höchsten DB. Die Modellergebnisse zeigten zweifelsfrei, daß Baumwollanbau in Ägypten absolute wie relative Vorteile besitzt.
- Baumwolle und Baumwolltextilien stellen durch ihre Exporte eine wichtige Devisenquelle dar, die u.a für Nahrungsimporte verwendet werden kann.
- Die Beschäftigungseffekte des Baumwollanbaus resultieren nicht nur aus der Höhe der Arbeitsintensität des Anbaus, sondern vielmehr aus den nachgelagerten Industrien, die auf der Verarbeitung von Baumwolle und Baumwollsamen basieren. Darunter sind als wichtigste zu nennen: Textil-[81], Speiseöl-, Futtermittel- und chemische Industrien.
- Baumwolle nimmt durch die Verarbeitung des Samens zu Öl und Ölkuchen direkt an der Nahrungsproduktion teil.
- Baumwollanbau verbessert die Bodenstruktur, indem die Pflanzen den Boden durchwurzeln.

Auch der Bohnenanbau erscheint ebenfalls ökonomisch sowie ernährungspolitisch empfehlenswert. Er zeigt im errechneten Optimierungsmodell:

- hohe Rentabilität
- reichert den Boden mit Stickstoff (Leguminosen) an
- leistet einen wichtigen Beitrag zur Versorgung der Bevölkerung mit Eiweiß. Dies ist von besonderer Bedeutung in Bezug auf die in Ägypten weit verbreiteten Eiweißmangelerscheinungen unter der ärmeren Bevölkerung.

Eine Einschränkung des Bohnenanbaus zugunsten des Weizenanbaus würde mehr negative als positive Auswirkungen auf die Ernährungslage haben.

Gerstenanbau hingegen scheint in jeder Hinsicht von geringerer Bedeutung zu sein, wegen
- sehr geringer Rentabilität
- geringer Verwendbarkeit für den direkten Verbrauch.

---

81 Allein im Textilbereich arbeiten 55 v.H. der Industriearbeiter Ägyptens.

Die Vorzüge der Gerste liegen im geringen Wasserverbrauch sowie in der Fähigkeit, ungünstige natürliche Bedingungen zu tolerieren. Wenn Gerste, wie es zur Zeit der Fall ist, im fruchtbaren Niltal angebaut wird, so wird von den eigentlichen Vorteilen der Gerste kein Gebrauch gemacht.

Die sehr empfehlenswerte Erweiterung der Weizenanbaufläche auf Kosten der Gerstenfläche muß daher nicht die Abschaffung ihres Anbaus bedeuten. Sinnvoller wäre die Verlagerung der Gerstenfläche in die neu in Kultur genommenen Wüstengebiete, wo geringere Opportunitätskosten entstehen und die Vorteile dieser Fruchtart zur Geltung kommen.

Nicht nur die geringe volkswirtschaftliche Rentabilität des Kleeanbaus spricht für eine Erweiterung des Weizenanbaus zu Lasten der Kleenutzfläche. Kleeanbau stellt aus ernährungspolitischer Sicht massive Ressourcenverschwendung dar. Der Wasserverbrauch pro Feddan Klee ist mehr als doppelt so hoch wie der pro Weizen; dafür enthält der Ertrag eines Feddans Weizen verglichen mit Klee wesentlich mehr Stärkeeinheiten. Die Verwendung des Klees zur Erzeugung tierischer Produkte vervielfacht die entstehenden Verluste. Diese Verluste sind unter den Bedingungen der Tierproduktion in Ägypten, die durch relativ niedrige Produktivität gekennzeichnet ist, besonders gravierend.

Mögliche negative Effekte einer Erweiterung der Weizenanbaufläche auf Fruchtfolge und das Ertragsniveau bedürfen einer genauen Untersuchung. Die Festsetzung der Höchstweizenfläche auf ein Drittel bzw. die Hälfte der Nutzfläche Ägyptens könnte solche negativen Effekte in geringen, vertretbaren Grenzen halten[82].

Gemäß der Modellergebnisse würde eine bedeutende Erweiterung des Weizenanbaus hauptsächlich zu Lasten des Kleeanbaus gehen.

Für eine radikale Einschränkung des Kleeanbaus bestehen zwei mögliche Varianten: Eine entsprechende Einschränkung der Tierhaltung[83] und/oder eine Änderung der Futterbasis.

Die Realisierungschance der ersten Variante scheint unter den bestehenden Bedingungen sehr gering zu sein. Der größte Teil der Tierhaltung in Ägypten befindet sich in kleinen Familienmischbetrieben, in denen die Tierhaltung vielen Zwecken dient[84]:

1. Tiere stellen die Hauptzugkraft dar. Ein Ersatz durch Mechanisierung ist für die meisten Landwirte aufgrund der sehr kleinen Betriebsgrößen weder rentabel noch bezahlbar.

---

82 Vgl. Kapitel 6.1.1.3.
83 Betroffen wäre auch Tierhaltung, die nicht auf Kleefütterung basiert, da eine allgemeine Futtermittelknappheit entstünde.
84 Vgl. hierzu Radwan 1987:240ff, El-Bas 1988:359ff, El-Kholi 1981:58.

2. Tiere leisten zur Ernährung der Landwirte und deren Familie einen wichtigen Beitrag, wobei Milchprodukte im Vordergrund stehen.

3. Durch den Verkauf von Teilen der Tierprodukte, die über den Eigenbedarf der Landwirte hinausgehen, sorgen Tiere für laufende Einkommen. Besonders von Bedeutung sind Milch und Milchprodukte, Wolle sowie Eier; letztere werden oft als Zahlungsmittel angesehen.

4. Tierhaltung gehört zu den bevorzugten Kapitalanlagen. Neben der relativ höheren Rentabilität können Tiere schnell und unkompliziert bei Bedarf Liquidität verschaffen.

5. Tiere tragen bedeutend zu der Versorgung mit organischem Dünger bei. Dies ist für kleinere Betriebe besonders wichtig, da die kleineren Landwirte in der Regel Mineraldünger in nicht ausreichendem Maße kaufen können.

6. Aus den vorgenannten Gründen stellen Tiere auch ein Prestigegut dar, von dem Ansehen und soziale Stellung mit bestimmt werden.

Für kommerzielle Großbetriebe, die auf Tierproduktion spezialisiert sind, sind nur die ökonomischen Faktoren von Bedeutung. Eine Einschränkung des Kleeanbaus steht direkt im Widerspruch zu ihren Interessen, was sie veranlassen würde, ihre gesellschatliche und politische Macht gegen solche Einschränkungen einzusetzen.

Ähnlich würde es sich bei Verbrauchern tierischer Produkte verhalten: Die Einschränkung der Tierproduktion würde zur Erhöhung ihrer Ausgaben oder einer Einschränkung ihres Konsums führen. Es ist daher zu erwarten, daß Verbraucher (besonders Verbraucher höherer Einkommensklassen) sich gegen Einschränkungen der Tierproduktion stellen.

Eine Beurteilung der Realisierungschance der zweiten Variante fällt wesentlich positiver aus. Es besteht eine Vielzahl von Möglichkeiten, Klee zu ersetzen:

1. Die größeren Strohmengen, die durch die Steigerung des Weizenanbaus anfallen, könnten die wegfallenden Kleemengen zum Teil ausgleichen[85].

2. Eine Verlagerung des Kleeanbaus in die neu in Kultur genommenen Anbauflächen[86] trägt nicht nur zur Futterversorgung bei. Vielmehr gilt der Kleeanbau als bodenkultivierende Maßnahme. Dies erfordert jedoch einen Wechsel der angebauten Kleesorten. Die Versuchsergebnisse zeigten, daß die

---

85 Eine Anbauplanung in Anlehnung an die Ergebnisse des Optimierungsmodells bietet eine Möglichkeit, zumindest teilweise die wegfallende Kleemenge zu ersetzen. Eine Erweiterung des Baumwollanbaus bis zu den im Modell ermittelten Grenzen würde bedeuten, daß mehr als doppelt so viel Ölkuchen produziert werden würde wie heute. Ölkuchen gilt - auch in Ägypten - als intensives, nährstoffreiches Futtermittel. Die Nebenprodukte des erweiterten Anbaus der Kulturen Weizen, Reis, Mais und Bohnen können als Futtermischung mit dem o.g. Ölkuchen einen guten Ersatz für den Klee bieten.

86 In diesem Fall ist die Bezeichnung "Einschränkung des Kleeanbaus" zu relativieren. Die Einschränkung würde sich auf den Anbau im Niltal beziehen.

ägyptische Sorte "Hedjazzy" das Zwei- bis Dreifache der üblichen Menge pro Feddan erbringt. Diese Sorte wurde erfolgreich in Sandgebieten angebaut, deren Wasserversorgung sehr gering ist (Rammah 1989:2).

3. Ausnutzung von Weideflächen an der Nordküste Ägyptens sowie im Süden von Sinai für Tierhaltung. Hierfür wären insbesondere Schafe und Ziegen geeignet.

Im allgemeinen gilt, daß die Durchführung einer Änderung der Anbaustrukturen in erster Linie von der betriebswirtschaftlichen Rentabilität abhängig ist. Dies hat sich deutlich gezeigt in der Entwicklung der Anbaustruktur in den letzten Dekaden. Tendenziell stieg der Anteil der Agrarprodukte, die für den Betrieb rentabel waren, z.b. Klee und Gemüse, auf Kosten minder rentabler Produkte, z.b. Baumwolle, Reis und Weizen, auch wenn die letzteren volkswirtschaftlich vorteilhafter und selbst deren Anbau vorgeschrieben war[87].

Ein zweckmäßiger Einsatz von preispolitischen Maßnahmen bildet daher die Grundlage, um die wirtschaftlichen Interessen der Landwirte und die der Volkswirtschaft anzugleichen.

---

[87] Vgl. Kap. 3.

7. Zusammenfassung

Die Versorgung mit Weizen stellt für Ägypten ein gravierendes Problem dar. Weizen zählt zu den wichtigsten Nahrungsgütern der Bevölkerung. Der Bedarf an Weizen kann aber nur zu einem geringeren Anteil aus eigener Produktion gedeckt werden. Die Versorgung mit anderen Grundnahrungsgütern verhält sich ähnlich, wenn auch in differenzierter Form, wie im Fall Weizen.

Die Nahrungsversorgung steht somit auf relativ unzuverlässiger Basis, was die Ernährungssicherung des Landes gefährdet. Außerdem verschärft der hohe Importanteil bereits vorhandene wirtschaftliche Probleme, insbesondere im Hinblick auf die angespannte Handelsbilanzsituation und die Außenverschuldung.

Ziel der vorliegenden Arbeit war es, die Weizenversorgung im Hinblick auf die Frage "Ernährungssicherung" zu untersuchen und Möglichkeiten aufzuzeigen, eine Steigerung der eigenen Weizenproduktion zu erreichen.

Als Einstieg in die engere Thematik wurde als theoretische Basis zunächst die Ernährungsfrage aufgearbeitet. Dabei wurde die damit verbundene Terminologie definiert und eingegrenzt.

Die wichtigsten Alternativen der Nahrungspolitik wurden erläutert und hinsichtlich ihrer Auswirkungen auf die Ernährungssicherung sowie den Entwicklungsprozeß diskutiert. Anschließend folgte eine Stellungnahme zu den diskutierten Nahrungspolitiken.

Die Unfähigkeit Ägyptens, die notwendige Nahrung selbst zu produzieren oder durch Exporteinnahmen Nahrungsimporte zu finanzieren, resultiert grundsätzlich aus den bestehenden virulenten Problemen des Agrarsektors: Knappheit der Nutzfläche, Verschlechterung der Bodenqualität, ineffiziente Betriebsgrößenstrukturen, inkonsistente Agrar- und Preispolitik sowie negative Begleiterscheinungen des wirtschaftlichen und sozialen Wandels sind als die wichtigsten zu nennen. Diese Probleme führten zu einem forcierten Rückgang des Gewichts des landwirtschaftlichen Sektors an der gesamten Volkswirtschaft, was sich an der Entwicklung der relativen Anteile des landwirtschaftlichen Sektors an der gesamten Bevölkerung, am Anteil der Erwerbspersonen, am BIP sowie am Anteil der Agrarexporte an den Gesamtexporten Ägyptens deutlich erkennen läßt.

Die negative Entwicklung des landwirtschaftlichen Sektors zeigt sich nicht zuletzt in der Nahrungsversorgung. Die Versorgung Ägyptens mit Nahrungsgütern wurde immer mehr von Importen abhängig. Die Untersuchung der Versorgungslage anhand von Aggregaten der in GE umgerechneten Nahrungsgüter hat eine ständig wachsende Nahrungslücke aufgezeigt. Von 1970 bis 1987 wuchs die Nahrungsproduktion um 71 v.H., der Verbrauch um 128 v.H. und somit die Nahrungslücke um 851 v.H.. Im selben Zeitraum wuchs die Bevölkerungszahl um 56 v.H.. Entsprechend wuchs die Pro-Kopf-Produktion an Nahrung um 3 v.H. und der Pro-Kopf-Verbrauch um 50 v.H.

Da die Nahrungslücke durch Importe geschlossen wurde, stieg der Wert der Nahrungsimporte radikal an. Dies war das Ergebnis sowohl der Steigerung von Menge und Preis der Importe. Der Wert der Importe stieg in o.g. Zeitraum um 3.767 v.H.(!).

Trotz der im Zeitraum relativ höheren durchschnittlichen Bedarfsdeckung ist die Nahrungsversorgung in Ägypten aus zwei Gründen "unsicherer" geworden. Als erster Faktor ist der tendenziell sinkende SVG bei fast allen Grundnahrungsgütern zu nennen, da diese quasi die Kehrseite der Nahrungslücken darstellen. Der zweite Faktor ist die Unfähigkeit sowohl des Agrarsektors als auch der gesamten Volkswirtschaft, aus Exporteinnahmen die Nahrungsimporte zu finanzieren.

Besonders kritisch war die Entwicklung der Weizenversorgung. Die Weizenproduktion unterliegt - wie andere Agrarprodukte - Anbau- und Ablieferungsvorschriften, die sich oft konzeptlos ändern. Auch die Weizenpreise werden direkt durch Festsetzung der Erzeugerpreise und indirekt durch starke Subventionen der Verbraucherpreise, also durch Staatsintervention bestimmt. Die Rentabilität des Weizenanbaus, verglichen mit der anderer Kulturen, deren Preis auf dem freien Markt gebildet wird, ging zurück. Die niedrigere Rentabilität des Weizenanbaus wurde durch steigende Strohpreise allerdings teilweise kompensiert.

Die Entwicklung der NPR zeigt, daß die Weizenpolitik zwischen Schutz und Besteuerung des Weizenanbaus schwankt. Dabei wies der Zeitraum von 1974-1984 überwiegend eine Besteuerung des Weizenanbaus auf. Seit 1984 zeigt die NPR stets positive Vorzeichen, was einen entsprechenden Erzeugerschutz impliziert.

Die Gesamthöhe der Weizenproduktion im Zeitablauf wird durch zwei Variablen erklärt: Entwicklung der Flächenproduktivität und Variation der Anbauflächen. Die Flächenproduktivität weist tendenziell eine Steigerung auf. Die Produktivität von 1989 (2,1 t pro Feddan) verglichen mit der von 1952 (0,78 t pro Feddan) läßt einen Anstieg von 166 v.H. erkennen. Die Weizenfläche nahm hingegen in den 50er und 60er Jahren ab und war in den 70er und 80er Jahren Gegenstand ständiger Schwankungen, blieb jedoch unter dem Umfang von Anfang der 50er Jahre. Im Endeffekt konnte die Entwicklung der Produktivität den Rückgang der Fläche überkompensieren, die gesamte Weizenproduktion zeigt daher auch steigende Tendenz. Der Vergleich der Weizenproduktion von 1952 mit der von 1989 ergibt eine Zunahme von 102 v.H.

Die Untersuchung des Weizenverbrauchs offenbart auch, daß Beschaffung und Vermarktung von Weizen und Weizenmehl fast vollständig in Staatshänden liegt. Die Verbraucherpreise für Weizen werden massiv durch Staatssubventionen beeinflußt, dadurch liegen sie überwiegend unter dem Weltmarkt- und Erzeugerpreis. Ferner lag der Verbraucherpreis durchweg unter dem inländischen Preis für Futtermittel. Dies führte zu einem Mißbrauch des suventionierten Mehls und Brotes als Futtermittel.

Der Weizenverbrauch in Ägypten weist sehr hohe Wachstumsraten auf. Von 1952 bis 1989 stieg der jährliche Weizenverbrauch um 456 v.H., was allein mit dem Bevölkerungswachstum (56 v.H.) nicht zu erklären ist. Neben Verfütterung von Weizen und Brot sind die Substituierung von Mais- durch Weizenbrot sowie die hohen Brotverluste im Haushalt die Hauptgründe des überproportionalen Anstiegs des Weizenverbrauchs. Die Haushaltsverluste bei Weizen sind primär das Ergebnis einer deutlichen Verschlechterung der Brotqualität, die das Brot teilweise ungenießbar macht.

Entsprechend der o.g. Entwicklung der Produktion und des Verbrauchs von Weizens entwickelte sich die Weizenlücke. Im Durchschnitt der 50er Jahre betrug die Weizenlücke 522.000 t, in den 80er Jahren stieg sie auf 6.340.000 t, was eine Anstiegsrate von 1.115 v.H. bedeutet; der SVG sank für den gleichen Zeitraum von 77 v.H. auf 25 v.H.

Weil die Weizenlücke aus Importen geschlossen wird, war die Entwicklung der beiden Größen fast identisch. Ägypten wurde zum drittgrößten Weizenimporteur der Welt. Die wertmäßige Entwicklung der Weizenimporte stieg wesentlich stärker als die mengenmäßige. Mit einer Rate von 1453 v.H. steigt der Wert der Importe von 120.000 US$ in 1952 auf 1,863 Mio. US$.

Neben der Steigerung von Importmenge und -preis trug die Abwertung der ägyptischen Währung in 1979 erheblich zum Anstieg des Importwertes bei.

Eine Analyse der Einflüsse von Mengen- und Preisentwicklung auf die Entwicklung des Importwertes hat ergeben, daß die Weizenpreise ab 1973 für den größten Teil der Wertsteigerung der Importe verantwortlich sind. Im Durchschnitt des Zeitraumes von 1973 bis 1988 gehen 76,7 v.H. des Wertanstiegs auf den Preisanstieg zurück.

Besonders seit Mitte der 70er Jahre stellen die steigenden Weizenimporte für die Volkswirtschaft eine große Belastung dar. Seit 1978 übersteigt der Wert der Weizenimporte die gesamten Einnahmen aus den Agrarexporten bei weitem. Im Durchschnitt der 80er Jahre (1980-88) macht der Wert der Weizenimporte 202 v.H. der gesamten Agrarexporte aus. Auch im Hinblick auf die gesamten Exporteinnahmen Ägyptens ist die Belastung der Weizenimporte sehr groß. In den 80er Jahren verschlangen die Weizenimporte im Durchschnitt 40 v.H. der gesamten Exporteinnahmen.

Neben der enormen wirtschaftlichen Belastung stellen die Weizenimporte zudem eine Gefahrenquelle für politische und wirtschaftliche Abhängigkeit dar. Dies ist besonders deswegen der Fall, weil ein großer Teil der Weizenimporte im Rahmen der NMH geliefert wird. Aus historischer Erfahrung tritt deutlich hervor, daß

Weizenimporte bzw. Weizenhilfe öfter als politisches Druckmittel seitens der Geberländer eingesetzt worden sind.

Eine Erhöhung der Weizenproduktion ist im Hinblick auf die o.g. Fakten deswegen von zentraler Bedeutung.

In der vorliegenden Arbeit werden drei Möglichkeiten zur Erreichung einer solchen Erhöhung untersucht:

1. Umverteilung der Weizenanbauflächen,

2. Steigerung der Flächenproduktion auf den bestehenden Weizenanbauflächen und

3. Erweiterung des Weizenanbaus zu Lasten anderer Agrarprodukte.

Dabei basieren die ersten zwei Wege auf einer Ausnutzung von vorhandenen Produktivitätsreserven, ohne daß eine Erweiterung der gesamten Weizenanbaufläche erforderlich ist.

Zu 1.: Aus der Untersuchung der Flächenproduktivität von Weizen in den verschiedenen Governoraten Ägyptens konnte festgestellt werden, daß signifikante standortbedingte Produktivitätsunterschiede bestehen. Eine Erweiterung des Weizenanbaus auf Standorten mit höheren Erträgen parallel zu einer Einschränkung auf Standorten mit niedrigeren Erträgen kann daher zu einer Steigerung der gesamten Produktion führen, ohne daß ein erhöhter Einsatz von Produktionsfaktoren notwendig wäre. Um mögliche negative Auswirkungen auf die Fruchtfolge und das Ertragsniveau so gering wie möglich zu halten, wurden Höchstgrenzen der Weizenflächen festgesetzt. Diese liegen bei einem Drittel bis der Hälfte der Nutzfläche. Ausgehend von diesen Grenzen kann die Weizenanbaufläche in den Governoraten mit überdurchschnittlicher Produktivität (am Landesdurchschnitt gemessen) zwischen 192.000 und 550.000 Feddan erhöht werden. Diese Erweiterung würde zu einer Steigerung der Weizenproduktion, die zwischen 2.698.000 und 7.901.000 Ardab liegt, führen.

Die Realisierung einer Flächenumverteilung sollte an erster Stelle von den daraus resultierenden ökonomischen Auswirkungen abhängig sein. Entscheidend sind dabei die Opportunitätskosten, die von der Rentabilität der konkurrierenden Produkte determiniert werden. Auch die Bereitstellung von Weizen und Weizenstroh zur Deckung des Bedarfs in den Gebieten, in denen Weizen eingeschränkt wird, entscheidet über die Akzeptanz solcher Maßnahmen. Begünstigend für die Durchführung der Flächenumverteilung wirkt das Vorhandensein von zentral organisierten lokalen Genossenschaften, die eine Steuerung der Produktion ermöglichen, Transportwege, die alle Governorate verbinden sowie ein zentral gesteuertes Weizenvermarktungssystem.

Zu 2: Die Annahme, daß unausgenutzte Reserven der Flächenproduktivität vorhanden sind, basiert auf der Beobachtung der vorhandenen Produktivitätsunterschiede in den jeweiligen Governoraten. Belegt wurde diese Annahme durch den Vergleich der normalen landwirtschaftlichen Betriebe mit den sogenannten Beratungsfeldern, die eine Art Modellfelder darstellen. Dabei haben sich deutliche Produktivitätsunterschiede gezeigt. Am Beispiel der Governorate, in denen Beratungsfelder vorhanden sind, wurde aufgezeigt, daß bei einer Anhebung der Flächenproduktivität der normalen Felder auf das Niveau der Beratungsfelder ein Produktionsanstieg von 18,5 v.H. erreicht werden könnte.

Zu den wichtigsten Ansatzpunkten für produktivitätssteigernde Maßnahmen zählen Bodenverbesserung, Erhöhung des Mechanisierungsgrades, Intensivierung der Beratung sowie Bereitstellung von quantitativ und qualitativ angepaßten Produktionsmitteln. Die ersten zwei Ansatzpunkte zählen zu kapitalintensiven Maßnahmen, die für die Mehrzahl der Landwirte nicht finanzierbar sind. Im Hinblick auf den ohnehin defizitären Staatshaushalt kann in absehbarer Zeit nicht erwartet werden, daß der Staat zur Durchführung dieser Maßnahmen ausreichend beitragen kann. Im Gegensatz dazu sind Beratung und Verbesserung der Versorgung mit Betriebsmitteln kurzfristig und mit relativ geringen Kosten durchführbar. Die Genossenschaften, die bei den Landwirten große Akzeptanz genießen, sind in der Lage, die damit verbundenen Aufgaben zu übernehmen.

Zu 3: Eine Erweiterung der Weizenanbaufläche zu Lasten des Anbaus anderer Produkte ist ökonomisch sinnvoll. Der gegenwärtige Umfang der Weizenanbaufläche liegt unter dem Umfang, der zur Optimierung des sektoralen Einkommens notwendig ist. Ausgehend von der jetzigen Weizenanbaufläche von 1.533.000 Feddan bringt eine Erweiterung der Weizenanbaufläche eine Steigerung des sektoralen Einkommens mit sich. Bei einem Flächenumfang von 1.918.000 Feddan wird eine Erweiterung der Weizenanbaufläche mit volkswirtschaftlichen Verlusten verbunden sein. Im Hinblick auf die Erhaltung von Fruchtfolge und Ertragsniveau stellt der Umfang von 2.038.000 Feddan die höchsterlaubte Weizenanbaufläche dar.

Eine Erweiterung der Weizenanbaufläche soll hauptsächlich zulasten der Anbaufläche von Klee stattfinden. Dafür spricht nicht nur die geringe volkswirtschaftliche Rentabilität des Kleeanbaus. Zusätzlich stellt dieser aus ernährungspolitischer Sicht eine massive Ressourcenverschwendung dar.

Die Umstellung der Anbaustruktur (Weizen statt Klee) muß mit einer Einschränkung der Tierproduktion oder Bereitstelleung von Alternativfutter verbunden sein. Eine Einschränkung der Tierproduktion ist dabei die schwerer realisierbare Variante. Zum einen hat die Tierhaltung für die größte Anzahl der Landwirte unter den gegenwärtigen Bedingungen mehrere unersetzbare Funktionen. Die Möglichkeit, die Landwirte von einer Reduzierung der Tierhaltung zu überzeugen, ist gering. Andere Interessengruppen, die eine Einschränkung der Tierhaltung ablehnen würden, stellen die kommerziellen Tierproduzenten sowie die Verbraucher von tierischen Produkten dar. Die zweite Variante, den fehlenden Klee zu ersetzen, scheint daher realistischer.

Mehrere Alternativen sind dafür vorhanden; hier bietet sich insbesondere die Verlagerung des Kleeanbaus in neu kultivierte Gebiete an, in denen neue widerstandsfähige Sorten Verwendung finden sollten.

Aus der praktischen Erfahrung sowie aus Studienergebnissen läßt sich feststellen, daß sich die Landwirte bei der Entscheidung über die Anbauplanung weitgehend ökonomisch rational verhalten. Demzufolge hängt der Erfolg einer Änderung der Anbauplanung zum größten Teil von den eingesetzten preispolitischen Maßnahmen ab, die es ermöglichen, die Interessen der Landwirte und der Volkswirtschaft zu vereinbaren.

Literaturverzeichnis

Abd El-Ghaffar, Ahmad:
Paper über die Ökonomie des Weizens in Ägypten. Akademie für Wissenschaftliche Forschung und Technologie. Kairo 1989 (in arabisch).

Abd El-Rahman, S. H. :
Eine ökonomische Studie der Getreidepreisbildung in Ägypten. Kairo 1986 (in arabisch).

Abduh, Amin I.:
Weizen im ägyptischen Ernährungsmuster. Akademie für wissenschaftliche Forschung und Technologie. Kairo 1989 (in arabisch).

Abkommen über Agrarhandel gemäß dem Gesetz PL 480 zwischen der Regierung der USA und der Regierung der UAR am 7.6.74.
In: Die offizielle Publikation in Ägypten. No. 32. 1974 (in arabisch).

Abu-Mandur, M.:
Tendenzen der Besitzverhältnisse in der ägyptischen Landwirtschaft. In: L'Egypte contemporaine. No. 383. Kairo 1981 (in arabisch).

African Development Bank:
African Development Report 1990. London 1990.

Ahrens, Heinz:
Exportkulturen als Beitrag zur Ernährungssicherung. In: Entwicklung und ländlicher Raum, 2/1986.

Barker, R. E., C. Gabler and D. Winkelmann:
Long-term consequences of technological change on crop yield stability. In: Valdés 1981.

Beißner, Karl-Heinz, u.a.:
Ernährungssicherungsprogramme einschließlich Nahrungsmittelhilfe und ihre entwicklungspolitischen Auswirkungen in Empfängerländern. Forschungsberichte des BMZ, Bd. 8. Köln 1981.

Beißner, Karl-Heinz:
: Nahrungsmittelhilfe - Ziele, Wirkungen, Evaluierungsmöglichkeiten. Justus-Liebig-Universität Gießen. Zentrum für regionale Entwicklungsforschung. Schriften 31. Hamburg 1986.

Beißner, Karl-Heinz, und Karl Schleich:
: Supporting food und nutrition security in developing countries. Quarterly Journal of International Agriculture. Vol. 21, Nr. 1/1982.

Blanckenburg, Peter von:
: Welternährung. Gegenwartsprobleme und Strategien für die Zukunft. München 1986.

Derselbe:
: Soll und Haben in der Welternährung. Bilanz der Nahrungsversorgung in den Entwicklungsländern. In: Zeitschrift für ausländische Landwirtschafrt. 16. Jg., H. 4/1977.

Derselbe:
: Sicherung der Welternährung - eine schwere, aber nicht unlösbare Aufgabe. In: Entwicklung + ländlicher Raum, H. 6/1982.

Blanckenburg, Peter von, und Hans-Dietrich Cremer:
: Das Welternährungsproblem. In: Nahrung und Ernährung in den Entwicklungsländer. Cremer, H.-D., (Hrsg.). Bd. 2, 2. Aufl., Stuttgart 1983.

BMZ:
: Welternährung. Materialien 69. Bonn, 1981.

Brandt, H.:
: Food security programmes in the Sudano-Sahel. German Development Institute. Paper no. 78. Berlin 1984.

Braun, Joachim von:
: Wirkungen von Nahrungsmittelhilfe in Empfängerländern. Vergleichende Untersuchung für Ägypten und Bangladesh. Quarterly Journal of International Agriculture. Vol. 19, Nr. 4/1980.

Derselbe:
Ernährungspolitik in Entwicklungsländern - ökonomische Analyse am Beispiel Ägyptens. Kiel 1984.

Derselbe:
Strategien zur Ernährungssicherung. Kurz- und längerfristige Ansätze zur Krisenbewältigung. In: Entwicklung + ländlicher Raum, H. 2/1986.

Braun, Joachim von, und Hartwig de Haen:
The effects of food price and subsidy policies on Egyptian agriculture. IFPRI. Research Report ; 42. 1983.

Budde, Andreas:
Ägyptens Landwirtschaft im Entwicklungsprozeß. Sozialökonomische Schriften zur Ruralen Entwicklung, Bd. 79. Göttingen 1988.

CAPMAS = Central Agency for Public Mobilization and Statistics, Kairo.
  a: Statistisches Jahrbuch, verschiedene Jahrgänge
  b: Einkommen des landwirtschaftlichen Sektors, verschiedene Jahrgänge
  c: Außenhandelsstatistik, verschiedene Jahrgänge.
  d: Dokument Nr. 14100-801986 (in arabisch).

Cathie, John:
The political economy of food aid. Aldershot 1982.

Collins, Joseph, und France Moore Lappé:
Vom Mythos des Hungers. Die Entlarvung einer Legende: Niemand muß hungern. Frankfurt/M. 1978.

Dawson, A.:
In defence of food aid: some answers to its critics. International Labour Review, Vol. 134/1985.

Duidar, A. S.:
Agricultural price policy. Societé Egyptienne d'Economie Politique, de Statistique et de Législation. Kairo 1986 (in arabisch).

El-Aassar, Khadiga:
Die Auswirkung der Wirtschaftspolitik auf das Angebot der Arbeitskräfte in der Landwirtschaft. SEEPSL = 12. Konferenz der Ägyptischen Ökonomen. Kairo 1978 (in arabisch).

El-Amir, R., u.a.:
: Determinates of agricultural price policy in Egypt. University of California. Egypt project. Kairo 1981 (in arabisch).

El-Baradey, Mona:
: Kritische Analyse der Studien zur Ernährungspolitik in Ägypten. Kairo 1988 (in arabisch).

El-Bas, M. T.:
: Die Krise der vertikalen Entwicklung der Landwirtschaft in Ägypten. In: L'Egypte contemporaine. No. 414. Kairo 1988 (in arabisch).

El-Gabaly, M.:
: Der Weg zur landwirtschaftlichen Entwicklung. In: L'Egypte contemporaine. No. 384. Kairo 1981 (in arabisch).

El-Kholy, A.:
: Ägyptische Landwirtschaft, Ziele, Möglichkeiten und Restriktionen. Kairo 1987 (in arabisch).

El-Mallah, G.:
: Die volkswirtschaftliche Bedeutung des Agrarhandels in Ägypten - Analyse und Zukunftsaussichten. Gießen 1981.

El-Safty, A.:
: Die Bevölkerung, die Entwicklung, die wirtschaftlichen und sozialen Zusammenhänge. L'Egypte contemporaine. No. 403. Kairo 1986 (in arabisch).

El-Sayed, Samy:
: Technische Aspekte der Weizenproduktion und -vermarktung. University of Cairo. Center for Political Research and Studies. 1990 (in arabisch).

FAO and World Health Organization:
: Food and nutrition strategies in national development. Rome 1974.

FAO:
: Fourth world food survey. Rome 1977.

Dieselbe:
Production Yearbook 1988. Rome 1989.

Dieselbe:
World agriculture: toward 2000. Rome 1988.

Dieselbe:
Food Aid in Figures. Verschiedene Jahrgänge.

Dieselbe:
Fifth world food survey. Rome 1987.

George, S.:
How the other half dies. The real reasons for world hunger. New York 1976.

Hack, H., und Günter Schmidt:
Vor- und Nachteile der Nahrungsmittelhilfe am Beispiel Malis. Entwicklung + ländlicher Raum. H. 2/1986.

Hansen, B., und Aly A. Radwan:
Arbeit und soziale Gerechtigkeit: Ägypten in den 80er Jahren. Kairo 1983.

Henrichsmeyer, Wilhelm, Oskar Gans und Ingo Evers:
Einführung in die Volkswirtschaftslehre. 5. Aufl. Stuttgart 1983.

Hussein, Adel:
Die ägyptische Wirtschaft von Unabhängigkeit zur Abhängigkeit. Kairo 1982 (in arabisch).

Johnson, D. G.:
World food problems on prospects. Foreign affairs study, H. 20. Washington 1975.

Karim, K.:
Die wirtschaftlichen Auswirkungen der Auswanderung der Arbeitskräfte auf die Landwirtschaft Ägyptens. Société Egyptienne d'Economie, Politique, de Statistique et de Législation, No. 404. Kairo 1986 (in arabisch).

Koester, U., und S. Tangermann:
Alternativen der Agrarpolitik. Eine Kosten-Nutzen-Analyse. Landwirtschaft - angewandte Wissenschaft, H. 182. Münster 1976.

Kracht, Uwe:
National and international food security measures for a food crisis-pronedecade. In: Quarterly Journal of International Agriculture. Vol. 22, Nr. 1/1983, S. 80-94.

Kuhnen, Frithjof:
Agrarreform - ein Weltproblem. Bonn 1980

Derselbe:
Welternährung im Spannungsfeld von Energie, Ökonomie und Ökologie. Verhandlungen Gesellschaft für Ökologie. Sonderdruck Bd. XI. Göttingen 1983.

Derselbe:
Who shall pay for tomorrow's food?: victory over hunger requires not only enough food, but also cheap food. In: Quarterly Journal of International Agriculture. Vol. 21, Nr. 4/1982 S. 301-302.

Derselbe:
Zwei vernachlässigte Aspekte der "Grünen Revolution": gesellschaftliche Polarisierung und innerlandwirtschaftliche Differenzierung. Kolloquium aus Anlaß des 65. Geburtstages von Theodor Bergmann. Hohenheim 12./13.2.1981.

Landwirtschaftsministerium der Arabischen Republik Ägypten:
Die gegenwärtige Situation des Weizens. Kairo 1990 (in arabisch).

Derselbe:
Unveröffentlichte Daten aus der Abteilung für Agrarstatistik (in arabisch).

Lemnitzer, Karl-Heinz:
Ernährungssituation und wirtschaftliche Entwicklung. Schriften des Zentrums für regionale Entwicklungsforschung der Justus-Liebig-Universität, Gießen. Saarbrücken 1978.

Manig, Winfried:
Technologie und gesellschaftliche Verteilungsmodelle in Entwicklungsländern. Göttingen 1987.

Derselbe:
Ausbreitungsmuster von Neuerungen in der Landwirtschaft von Entwicklungsländern. Sozialökonomische Schriften zur ruralen Entwicklung, Bd. 63. Göttingen 1985.

Mann, Thomas:
Vom schelmischen Diener. Aus: Josef, der Ernährer. In: Krieg, Peter: Der Mensch stirbt nicht am Brot allein : vom Weizen zum Brot zum Hunger. Frankfurt/M. 1984.

Mansur, M. S., und F. M. El-Sayed:
Restriktionen der ländlichen Entwicklung. L'Egypte contemporaine. No. 386. Kairo 1981 (in arabisch).

Matzke, Otto:
Der Hunger wartet nicht. Die Probleme der Welternährungskonferenz 1974. Bonn 1974.

Derselbe:
Weizen als Machtinstrument. BMZ-Materialien Nr. 69. Bonn 1981.

McDowell, R. E.:
The role of animals in developing countries. In: Bywater, A. C., and Baldwin, R. L.: Animals, feed, food and people: an analysis of the role of animals in food production. AAAS Selected Symposium, 42. Boulder/Co. 1980.

Mellor, John, and Ahmed Raisuddin:
Agricultural price policy for developing countries. International Food Policy Research Institute, Nr. 8. 1988.

Mellor, John W.:
Food policy, food aid and structural adjustment programmes. Food Policy. 1988.

Derselbe:
Effective food aid for effective food security. FAO World Food Security. Selected themes and issues paper Nr. 53. Rome 1985.

Millman, Sara:
Hunger in the 1980s - back drop for policy in the 1990s. Food Policy. 1990.

Ministerium für Nationale Aufklärung der Arabischen Republik Ägypten:
Gesammelte Reden des Präsidenten Nasser. Teil 5. Kairo 1967 (in arabisch).

Mustafa, M. Samir:
Nahrungsmittelhilfe aus den USA : alte Diskussionen - neue Chancen. Kairo 1987 (in arabisch).

Nabhan, H. M.:
Studies in the suspending matter of the Nile water with special reference to its physical and chemical properties. Kairo 1966 (in arabisch).

Nassar, S., und Sh. Imam:
Agricultural price policy in Egypt. L'Egypte contemporaine Vol. 399. Kairo 1985 (in arabisch).

Nassar, S. Z., u.a.:
Die Auswirkung alternativer Preispolitiken auf die Anbaustruktur in Ägypten. SEEPSL Kairo 1987 (in arabisch).

Nassr, M.:
Betriebliches Produktionsverhalten im Rahmen des ägyptischen Systems der staatlichen Anbauplanung in der Landwirtschaft. Göttingen 1983.

NKPW = Nationales Kommitee für Produktion und Wirtschaft.
Präsidentenamt. Kairo 1978 (in arabisch).

NSK = Nationales Sachverständigen Kommitee:
Rahmen der Entwicklungspolitik. In: Ägypten 2000. Kairo 1987 (in arabisch).

Dasselbe:
Report Nr. 147. Kairo 1983 (in arabisch).

Radwan, Aly A.:
Bedingungen, Funktionen und Entwicklungsmöglichkeiten der tierischen Produktion in Ägypten. Göttingen 1987.

Rady, E.:
Wiederkehr der verlorenen Bodenfruchtbarkeit. In: El-Ahram, 16.1.1989 (in arabisch).

Reutlinger, Shlomo:
Policies for food security in food-importing developing countries. In: Chisholm and Tyers: Food security Washington, D. C., 1982.

Richard, H., and J. Adams:
The effects of international remittances on poverty, inequality and development in rural Egypt. International Food Policy Research Institute (IFPRI), Research report ; 86. Washington, D.C., 1991.

Rizk, Halim F.:
Weizenpreis und -subvention. Akademie für Wissenschaftliche Forschung und Technologie. Kairo 1989 (in arabisch).

Rothschild, Emma:
Food politics USA foreign affairs. American Quarterly Review. 1/1976, S. 281-296.

Ruthenberg, H.:
Thesen zur Nahrungsmittelversorgung in Entwicklungsländern. BMZ-Materialien Nr. 69: Welternährung. Bonn 1981.

Saleh, Hussein M.:
Die Möglichkeiten zur Selbstversorgung und die Notwendigkeit der Realisierung von Nahrungssicherung in Ägypten. L'Egypt contemporaine. No. 411. Kairo 1988 (in arabisch).

Scheper, W.:
Kraftfutterherstellung, Futtermittelkontrolle in Ägypten. Eschborn 1978.

Schmidt, Günter:
Ernährungssicherungprogramme des Typs Sicherheitsreserve als Instrument einer erzeugerorientierten Markt- und Preispolitik. Bonn 1984.

Schmitz, Peter M.:
Handelsbeschränkungen und Instabilität auf Weltagrarmärkten. Göttingen 1984.

Schneider, Helmut:
Mikroökonomie. WISO-Kurzlehrbücher. München 1977.

Schumann, H.:
Futtermittel und Welthunger. Agrargroßmacht Europa - Mastkuh der Dritten Welt. Reinbek 1986.

Scobie, Grant M.:
Government policy and food imports : the case of wheat in Egypt. International Food Policy Research Institute. Research Report ; 29. 1981.

Shaw, J., and H. Singer:
Food policy, food aid and economic adjustment. Food Policy. Febr. 1988.

Shughrab, Kauther M.:
Eine ökonomische Analyse des Ernährungsproblems in Ägypten. In: Zukünftige Betrachtung der ägyptischen Wirtschaft im Rahmen der regionalen und internationalen Entwicklung. Shafey, Mohammed Z., und Ramzy Zaky (Hrsg.). Kairo 1983 (in arabisch).

Siamwalla, A., and A. Valdés:
Food insecurity in developing countries. Food Policy. Nov. 1980.

Sohn, Wolfgang:
Versorgungssicherung als Argument in der Agrarpolitik: ökonomische Analyse mit einer empirischen Untersuchung für die Bundesrepublik Deutschland und die Europäische Gemeinschaft. Schriftenreihe des Bundesministeriums für Ernährung, Landwirtschaft und Forsten, Reihe A: Angewandte Wissenschaft, H. 293. Münster 1984.

Solliman, I., and A.E.M. Ragab:
An economic study of livestock on traditional farms in some Egyptian villages. University of California. Economic working paper Nr. 126. Berkeley 1983.

Stremplat, Axel von:
The impact of food aid and food security programmes on the development in recipient countries. Schrift des Zentrums für regionale Entwicklungsforschung der Justus-Liebig-Universität Gießen, H. 19. Saarbrücken 1981.

Tangermann, Stefan:
Hindernisse und Aussichten auf dem Wege zu einer internationalen Agrarpolitik. Göttingen 1986.

Derselbe:
Welternährung und die Verantwortlichkeit der Industrieländer. Kieler Vorträge Nr. 111. Kiel 1986.

Tawfik, Hassanin:
Das Problem des Weizens zwischen Regierung und Opposition. University of Cairo. Center for Political Research and studies. 1990.

Timmer, Peter:
Developing a food strategy. In: C. Eicher: Agricultural development in the third world. Baltimore 1984.

Timmer, Peter, u.a.:
Food policy analysis. Baltimore 1983.

Urff, Winfried von:
a: Welternährung - ein nach wie vor ein ungelöstes Problem. Zeitschrift für ausländische Landwirtschaft. Jg. 20, H. 1/1980, S. 3-5.
b: Das Ernährungsproblem in den Entwicklungsländern und Konzepte zu seiner Lösung. In: Quarterly Journal of International Agriculture. Vol. 19, Nr. 3/1980 S. 215-236

Valdés, Alberto (Ed.):
Food security for developing countries. Boulder/Co. 1981.

Derselbe:
: Integrating nutrition into agricultural policy. In: Nutrition intervention in national development. S. l. 1983.

Wieneke, Franz:
: Können wir mit der modernen Agrartechnik den Hunger in der Dritten Welt besiegen? Entwicklung + ländlicher Raum Nr. 5/1985.

Woll, Arthur:
: Allgemeine Volkswirtschaft. Vahlens Handbücher der Wirtschafts- und Sozialwissenschaften. München 1986.

World Food Conference:
: The world food problem. Rome 1974.

ANHANG

Tabelle 1: Bevölkerungsentwicklung von 1907-1989

Jahr	Entwicklung der Bevölkerung		
	insgesamt	in den ländlichen Gebiete	
	in 1000	in 1000	v. H.
1907	11190	9260	83
1917	12718	-	-
1927	14178	10368	73
1937	15921	11463	72
1947	18967	12518	66
1960	25984	16110	62
1966	30076	18043	60
1970	33326	18124	54
1975	36916	19340	52
1980	41520	18956	46
1985	47578	20484	43
1989	52846	21670	41

Quellen: bis 1966 Stat. Jahrbuch Kairo 1983:13,
1970-1989 FAO, Production Yearbook 1985 und 1989

Tabelle 2: Anzahl der Erwerbspersonen von 1960-1989

Jahr	insgesamt in 1000	in der Landwirtschaft in 1000	in v.H.
1960	6006	3245	54
1961	6512	3600	55
1962	6657	3600	54
1963	6868	3632	53
1964	7085	3673	52
1965	7374	3751	51
1966	7634	3867	51
1967	7714	3904	51
1968	7828	3892	50
1969	8051	3965	49
1970	8275	4048	49
1971	8506	4057	48
1972	8711	4134	47
1973	8860	4164	47
1974	9030	4212	47
1975	9430	4218	45
1976	9505	4068	43
1977	9885	4104	42
1978	10337	4135	40
1979	10828	4165	39
1980	11439	4200	37
1981	11725	4248	36
1982	12270	4286	35
1983	12877	4324	34
1984	-	-	-
1985	12837	4464	35

Quelle: Stat. Bundesamt, Länderbericht Ägypten, verschiedene Jahre

Tabelle 3: Bruttoinlandsprodukt zu Faktorkosten von 1960-1989 in E£

Jahr	insgesamt in 1000	Anteil der Landwirtschaft	
		in 1000	in v.H.
1960	1285	405	31,5
1965	1975	582	29,5
1970	2553	772	30,2
1971	2701	744	27,5
1972	2957	934	31,6
1973	3217	1063	33,0
1974	4111	1280	31,1
1975	4779	1469	30,7
1976	5787	1744	30,1
1977	7400	2038	27,5
1978	9013	2286	25,4
1979	12068	2530	21,0
1980	16552	3326	20,1
1981	19083	3743	19,6
1982	23211	4753	20,5
1983	26188	5157	19,7
1984	30945	6131	19,8
1985	36161	7184	19,8
1986	40832	8640	21,2
1987	49243	10341	21,0
1988	49043	10299	21,0

Quellen: 1960-1980 Stat. Jahrbuch Kairo, versch. Jahre,
1980-1986 Stat. Bundesamt, Länderbericht Ägypten 1988,
1987-1989 World Bank, World Development Report, versch. Jahre

Tabelle 4: Entwicklung der Gesamtex- und -importe und der Agrarex- und -importe in Ägypten von 1961-1988 in Mio $

Jahr	Gesamt-exporte in Mio.$	Agrarexporte Mio.$	% Gs.ex.[1]	Gesamtimporte in Mio.$	Agrarimporte Mio.$	% Gs.im[2]
1961	395	291	74	549	141	25
1961	370	258	70	704	195	28
1963	531	377	71	932	282	30
1964	598	395	66	970	298	31
1965	604	398	66	933	172	18
1966	616	433	70	1089	318	29
1967	566	370	65	792	213	27
1968	622	400	64	666	150	23
1969	745	466	63	638	93	15
1970	762	457	60	687	90	13
1971	789	515	65	920	170	19
1972	825	466	56	898	126	14
1973	1117	655	59	914	226	25
1974	1516	927	61	2351	765	33
1975	1402	722	52	3934	790	20
1976	1529	650	43	3862	817	21
1977	1708	720	42	4815	785	16
1978	1737	540	32	6727	1199	20
1979	1840	463	29	3837	720	21
1980	3046	530	20	4860	1268	27
1981	3233	587	20	8839	2656	29
1982	3120	624	19	7755	2370	25
1983	3215	661	21	10274	2117	21
1984	3140	703	22	10766	2522	22
1985	3714	618	17	9962	2279	21
1986	2934	637	22	11502	2617	23
1987	4352	883	20	16226	3778	23
1988	5706	966	17	23298	5452	23

Quellen: 1961-1986 Länderbericht Ägypten, versch. Jahre,
1987-1988 FAO, Trade Yearbook 1989,
eigene Berechnungen

1) Anteil an Gesamtexporten   2) Anteil an Gesamtimporten

Tabelle 5: Entwicklung der Nutz- und Anbauflächen in Relation zur Bevölkerung in Ägypten von 1907-1988

Jahr[1]	Bevölkerung in Tsd.[2]	Nutzfläche Tsd.Feddan[3]	Feddan/Kopf[4]	Anbaufläche Tsd.Feddan[5]	Feddan/Kopf[6]
1907	11190	5400	0,48	7700	0,68
1917	12718	5300	0,41	7700	0,60
1927	14178	5500	0,38	8700	0,61
1937	15921	5300	0,33	8400	0,52
1947	18967	5800	0,30	9200	0,48
1952	21437	5800	0,27	9308	0,43
1957	24089	5800	0,24	10300	0,42
1960	26085	5800	0,22	10370	0,40
1961	26579	-	-	9973	0,38
1962	27256	-	-	10365	0,38
1963	27947	-	-	10357	0,37
1964	28659	-	-	10377	0,36
1965	29389	6359	0,22	-	0,35
1966	30076	6618	0,22	10488	0,35
1967	30830	6666	0,22	10462	0,34
1968	31543	6666	0,21	10745	0,34
1969	32271	6485	0,20	10732	0,33
1970	33053	6485	0,20	10750	0,33
1971	33807	6787	0,20	10743	0,32
1972	34578	6787	0,20	10827	0,31
1973	35366	6787	0,19	10924	0,31
1974	36172	6794	0,19	11021	0,30
1975	36997	6724	0,18	11161	0,30
1976	38198	6697	0,18	11201	0,29
1977	38794	6738	0,17	11091	0,29
1978	39767	6754	0,17	11148	0,28
1979	40889	6778	0,17	11237	0,27
1980	42126	6795	0,16	11135	0,26
1981	43465	5879	0,14	11170	0,26
1982	44673	5884	0,13	11180	0,26
1983	45915	5880	0,13	11095	0,25
1984	47191	5812	0,12	11043	0,24
1985	47578	5921	0,12	11220	0,23
1986	48890	5908	0,12	11226	0,23
1987	50223	6010	0,12	11419	0,23
1988	51553	6148	0,12	11497	0,23

Quellen: 1) 1907-1947: Budde 1988:197
2) 1952-1984 CAPMAS, Stat. Jahrbuch, verschiedene Jahre
3) 1960-1986 Statistik des Auslands, Länderbericht
4) eigene Berechnung
5) CAPMAS
6) eigene Berechnung

Tabelle 6: Entwicklung des Weizenpreises und der nominalen Protektionsrate von 1952-1989 (in E£/Tonne)

Jahr	Weltpreis	Inlandspreise		nominelle Protektionsrate
		Erzeugerpreise		
		Marktpreis	Ablieferpreis	
1952	45,88	21,33	21,33	- 0,54
1953	45,81	30,33	32,66	- 0,34
1954	26,49	29,66	29,33	0,12
1955	27,00	26,66	26,00	0,01
1956	27,60	26,66	26,00	- 0,03
1957	27,33	26,66	26,00	- 0,03
1958	22,81	26,66	26,00	0,17
1959	23,12	26,66	26,00	0,15
1960	21,33	26,66	26,00	0,25
1961	22,04	26,66	26,00	0,21
1962	28,26	26,66	26,00	- 0,06
1963	32,33	26,66	26,00	- 0,18
1964	37,62	29,33	26,00	- 0,22
1965	31,73	30,20	26,00	- 0,05
1966	28,56	32,87	26,00	0,15
1967	32,95	30,00	26,00	- 0,09
1968	29,55	32,20	26,00	0,09
1969	27,00	32,73	26,00	0,25
1970	24,20	38,67	32,66	0,60
1971	30,30	35,40	32,66	0,17
1972	30,20	35,07	32,66	0,16
1973	36,98	38,14	32,66	0,03
1974	103,40	46,93	42,66	- 0,55
1975	79,50	51,33	50,00	- 0,35
1976	65,14	47,13	50,00	- 0,28
1977	53,20	54,13	50,00	0,02
1978	56,50	61,67	50,00	0,10
1979	77,40	64,00	66,66	- 0,17
1980	145,30	88,00	80,00	- 0,39
1981	171,80	91,80	80,00	- 0,47
1982	168,60	81,73	80,00	- 0,52
1983	134,90	109,93	98,33	- 0,19
1984	138,12	124,35	110,70	- 0,10
1985	146,60	172,59	171,70	0,18
1986	136,20	226,06	224,90	0,66
1987	157,40	224,58	227,50	0,43
1988	230,80	238,59	237,40	0,00
1989	-	438,65	400,00	-

Quellen: 1. 52-83 CAPMAS Außenhandelstatistik, versch. Jahrgänge
84-88 eigene Berechnung auf Grundlage UN and International Trade Statistics Yearbook 1985 und 1988
2. Landwirtschaftsministerium - Abteilung Statistik

Tabelle 7: Entwicklung des Strohpreises und der Stroh-/Weizenpreisrelation von 1955-1988 in E£

Jahr	Strohpreis/Bushel	Preis Stroh/Weizen
1955	0,59	0,15
1956	0,67	0,17
1957	0,64	0,16
1958	0,69	0,17
1959	0,65	0,16
1960	1,34	0,35
1961	1,60	0,41
1962	1,13	0,29
1963	1,02	0,26
1964	1,26	0,29
1965	2,56	0,57
1966	2,89	0,59
1967	1,72	0,38
1968	1,30	0,27
1969	1,44	0,29
1970	2,03	0,35
1971	1,64	0,31
1972	1,76	0,34
1973	2,31	0,41
1974	3,74	0,53
1975	3,42	0,45
1976	3,00	0,43
1977	6,05	0,75
1978	9,30	0,92
1979	7,50	0,78
1980	11,00	0,83
1981	17,17	1,25
1982	17,46	1,42
1983	18,58	1,13
1984	22,40	1,21
1985	26,96	1,05
1986	28,00	0,83
1987	24,00	0,72
1988	23,30	0,65

Quelle: Berechnet aus Daten der Statistischen Abteilung des Landwirtschaftsministeriums, Kairo.

Tabelle 8: Entwicklung des Deckungsbeitrags von Weizen von 1955-1990 in E£

Jahr	Deckungs-beitrag E£/Feddan	Ertrag Hauptprodukt Ardab/Feddan	E£/Feddan
1955	28,46	25,41	26,92
1956	29,83	26,27	26,97
1957	29,16	25,84	27,82
1958	30,00	26,43	27,87
1959	31,50	26,11	28,26
1960	34,30	27,36	28,40
1961	36,65	27,66	28,78
1962	35,85	29,20	28,80
1963	35,64	29,60	29,71
1964	41,77	33,97	30,89
1965	48,05	33,55	37,31
1966	56,65	37,30	39,2
1967	41,48	31,80	39,72
1968	45,65	34,58	40,13
1969	42,97	33,32	39,22
1970	59,35	44,97	39,81
1971	58,05	45,38	39,99
1972	59,82	45,73	40,96
1973	74,22	56,13	42,19
1974	93,40	64,53	47,49
1975	102,43	75,08	59,33
1976	91,83	66,18	65,23
1977	126,51	76,11	75,80
1978	162,78	95,33	88,45
1979	146,58	85,38	108,34
1980	214,28	119,24	141,62
1981	273,26	127,14	152,70
1982	272,85	120,07	176,19
1983	334,56	166,41	229,18
1984	396,94	190,60	264,57
1985	521,44	271,00	292,51
1986	624,82	359,67	328,00
1987	680,70	443,13	353,19
1988	711,63	473,97	383,10
1989	1168,58	906,76	407,59
1990	1335,29	-	483,61

Quellen:
1. Landwirtschaftsministerium: Zentralstelle für Agrarökonomie und Statistik, Register der Abteilung für Statistik, verschiedene Jahre
2. aus Daten der gleichen Quelle errechnet
3. eigene Berechnungen

Tabelle 9: Entwicklung der Preisrelation zwischen Weizen und konkurrierenden Agrarprodukten von 1955-1989

Jahr	Weizen/ Baumw.	Weizen/ Gerste	Weizen/ Bohnen	Weizen/ Klee	Weizen/ Wintergemüse
1955	0,29	1,56	0,92	0,44	0,46
1956	0,21	1,45	0,72	0,46	0,42
1957	0,28	1,92	0,77	0,35	0,44
1958	0,39	1,56	0,83	0,44	0,87
1959	0,30	1,52	0,76	0,40	0,46
1960	0,28	1,69	0,78	0,41	0,38
1961	0,29	1,69	0,48	0,46	0,30
1962	0,30	1,72	0,55	0,45	0,32
1963	0,28	1,37	0,57	0,40	0,31
1964	0,26	1,22	0,57	0,34	0,24
1965	0,28	1,47	0,57	0,22	0,26
1966	0,31	1,39	0,62	0,22	0,22
1967	0,35	1,19	0,68	0,29	0,19
1968	0,28	1,41	0,64	0,33	0,21
1969	0,27	1,52	0,79	0,30	0,22
1970	0,32	1,41	0,79	0,38	0,23
1971	0,29	1,05	0,60	0,33	0,21
1972	0,26	1,34	0,62	0,27	0,19
1973	0,29	1,21	0,69	0,22	0,15
1974	0,30	1,19	0,53	0,23	0,15
1975	0,30	1,18	0,48	0,27	0,14
1976	0,22	1,14	0,43	0,21	0,12
1977	0,24	1,12	0,50	0,19	0,13
1978	0,27	1,20	0,44	0,13	0,15
1979	0,21	1,37	0,45	0,18	0,14
1980	0,28	1,29	0,43	0,24	0,18
1981	0,24	1,04	0,38	0,19	0,16
1982	0,20	1,00	0,33	0,14	0,13
1983	0,25	1,20	0,42	0,16	0,15
1984	0,25	1,15	0,43	0,13	0,17
1985	0,27	1,10	0,52	0,16	0,18
1986	0,35	0,90	0,48	0,18	0,15
1987	0,29	0,86	0,39	0,12	0,13
1988	-	-	0,41	0,14	-
1989	-	-	0,73	0,25	-

Quelle: Eigene Berechnungen aus Daten der Statistischen Abteilung des Landwirtschaftsministeriums, Kairo

Tabelle 10: Entwicklung der Weizenproduktivität von 1952-1989

Jahr	Weizenproduktivität in t/Feddan
1952	0,777
1953	0,864
1954	0,964
1955	0,953
1956	0,985
1957	0,969
1958	0,991
1959	0,979
1960	1,029
1961	1,037
1962	1,095
1963	1,110
1964	1,158
1965	1,111
1966	1,135
1967	1,036
1968	1,074
1969	1,018
1970	1,163
1971	1,282
1972	1,304
1973	1,472
1974	1,375
1975	1,459
1976	1,404
1977	1,406
1978	1,400
1979	1,334
1980	1,355
1981	1,385
1982	1,469
1983	1,512
1984	1,533
1985	1,572
1986	1,591
1987	1,973
1988	1,987
1989	2,067
1990	2,173

Quelle: Landwirtschaftsministerium, Abteilung für Agrarstatistik, Kairo, verschiedene Jahre

Tabelle 11: Entwicklung der Weizenproduktion von 1952-1989 in 1000 t

Jahr	in 1000 t
1952	1089
1953	1547
1954	1729
1955	1451
1956	1547
1957	1467
1958	1412
1959	1443
1960	1499
1961	1436
1962	1593
1963	1493
1964	1500
1965	1272
1966	1465
1967	1291
1968	1518
1969	1269
1970	1516
1971	1729
1972	1616
1973	1837
1974	1884
1975	2033
1976	1960
1977	1697
1978	1933
1979	1856
1980	1796
1981	1938
1982	2017
1983	1996
1984	1806
1985	1864
1986	1919
1987	2709
1988	2826
1989	3169

Quelle: Landwirtschaftsministerium, Abteilung für Agrarstatistik, Kairo, verschiedene Jahre

Tabelle 12: Entwicklung der Indexzahlen für Weizenfläche, -produktivität und -produktion von 1952-1989

Jahr	Fläche	Produktivität	Produktion
1952	100	100	100
1953	128	111	142
1954	128	124	159
1955	109	123	133
1956	112	127	142
1957	108	125	135
1958	102	128	130
1959	105	126	133
1960	104	132	138
1961	99	134	132
1962	104	141	146
1963	96	143	137
1964	92	149	138
1965	82	143	117
1966	92	146	135
1967	89	133	119
1968	101	138	139
1969	89	131	117
1970	93	150	139
1971	96	165	159
1972	88	168	148
1973	89	189	169
1974	98	178	173
1975	99	188	187
1976	100	181	180
1977	86	181	156
1978	98	180	178
1979	99	172	170
1980	95	174	165
1981	100	178	178
1982	98	189	185
1983	94	195	183
1984	84	197	166
1985	85	202	172
1986	86	205	176
1987	98	254	248
1988	101	256	260
1989	109	266	291

Quelle: Landwirtschaftsministerium, Abteilung für Agrarstatistik, Kairo, verschiedene Jahre

Tabelle 13: Entwicklung der Verbraucherpreise im Vergleich mit Erzeuger- und Importpreisen von 1952-1988 in E£/t

Jahr	Verbraucherpreis	Erzeugerpreis	Importpreis
1952	12,6	21,33	45,88
1953	17,2	30,33	45,81
1954	17,2	29,66	26,49
1955	17,2	26,66	
1956	17,2	26,66	27,60
1957	17,2	26,66	27,33
1958	17,2	26,66	22,81
1959	17,2	26,66	23,12
1960	23,0	26,66	21,33
1961	23,0	26,66	22,04
1962	23,0	26,66	28,26
1963	23,0	26,66	32,33
1964	23,0	29,33	37,62
1965	29,0	30,20	31,73
1966	29,0	32,87	28,56
1967	29,0	30,00	32,95
1968	29,0	32,20	29,55
1969	29,0	32,73	26,10
1970	29,0	38,67	24,20
1971	29,0	35,40	30,30
1972	29,0	35,07	30,20
1973	30,0	38,14	36,98
1974	30,0	46,93	103,40
1975	28,0	51,33	79,50
1976	29,0	47,13	65,14
1977	30,0	54,13	53,20
1978	24,7	61,67	56,50
1979	24,7	64,00	77,40
80-81	40,0	89,50	158,60
81-82	40,0	86,80	170,20
82-83	38,0	95,80	151,80
83-84	37,0	17,10	136,50
84-85	71,0	48,50	142,40
85-86	93,0	99,30	141,40
86-87	93,0	25,30	146,80
87-88	93,0	31,60	194,10

Quelle: Verbraucherpreise: 1952-79 Scobie 1981:72, 1980-88 Rizk 1990:28; Erzeuger- u. Importpreise: CAPMAS, Außenhandelsstatistik; Tabelle Nr. 16 im Anhang und Tabelle Nr. 8 im Text

Tabelle 14: Entwicklung des Weizenverbrauchs von 1952-1989

Jahr	insgesamt in 1000 t	pro Kopf in kg
1952	1805	84,2
1953	1900	86,6
1954	1612	71,8
1955	1282	55,8
1956	2049	87,1
1957	2141	88,9
1958	2422	98,2
1959	2653	105,1
1960	2716	104,8
1961	2524	95,0
1962	2992	109,8
1963	3422	122,4
1964	3222	112,4
1965	3186	108,4
1966	3561	118,2
1967	3808	123,2
1968	3648	115,1
1969	2636	81,1
1970	2750	83,2
1971	4138	122,4
1972	3302	95,5
1973	4796	135,6
1974	5375	148,6
1975	5823	157,4
1976	4734	148,4
1977	6040	155,7
1978	6991	175,8
1979	7184	175,8
1980	7351	174,5
1981	7650	176,0
1982	7787	174,3
1983	8476	184,6
1984	8207	173,9
1985	8012	168,4
1986	8184	176,4
86-87	8936	187,0
87-88	9695	195,0
88-89	10038	197,0

Quelle: Landwirtschaftsministerium, Abteilung für Agrarstatistik

Tabelle 15: Mengenmäßige Entwicklung von Weizenlücke in t und Weizen-SVG von 1952-1989

Jahr	Verbrauch in 1000t	Produktion in 1000t	Lücke in 1000t	SVG in v.H.
1952	1805	1089	716	60,3
1953	1900	1547	353	81,4
1954	1612	1729	-117	107,3
1955	1282	1452	-170	113,3
1956	2049	1547	502	75,7
1957	2141	1467	674	68,5
1958	2422	1412	1010	58,3
1959	2653	1443	1210	54,4
1960	2716	1499	1217	55,2
1961	2524	1436	1088	56,9
1962	2992	1593	1399	53,2
1963	3422	1493	1929	43,6
1964	3222	1500	1722	46,6
1965	3186	1272	1914	39,9
1966	3561	1465	2096	41,1
1967	3808	1291	2517	33,9
1968	3648	1518	2130	41,6
1969	2636	1268	1368	48,1
1970	2750	1516	1234	55,1
1971	4138	1729	2409	41,8
1972	3302	1616	1686	48,9
1973	4796	1837	2959	38,3
1974	5375	1884	3491	35,1
1975	5823	2033	3790	34,9
1976	4734	1960	2774	41,4
1977	6040	1697	4343	28,1
1978	6991	1933	5059	27,6
1979	7184	1856	5328	25,8
1980	7351	1796	5555	24,4
1981	7650	1938	5712	25,3
1982	7787	2017	5770	25,9
1983	8476	1996	6480	23,6
1984	8207	1806	6401	22,0
1985	8012	1864	6148	23,3
1986	8184	1919	6265	23,5
86-87	8856	2314	6542	26,1
87-88	9826	2768	7058	28,2
88-89	10471	2998	7473	28,6

Quellen: Verbrauch und Produktion aus Tabellen des ldw. Ministeriums, Abteilung für Agrarstatistik, Kairo
Lücke und SVG eigene Berechnungen aus Verbrauch und Produktion

Tabelle 16: Wertmäßige Entwicklung der Weizenimporte von 1952-1988 in 1000 $

Jahr	Weizenimporte in 1000 US$
1952	120
1953	74
1954	6
1955	1
1956	55
1957	65
1958	78
1959	91
1960	83
1961	79
1962	100
1963	156
1964	146
1965	154
1966	153
1967	204
1968	158
1969	94
1970	66
1971	160
1972	114
1973	165
1974	670
1975	663
1976	486
1977	605
1978	711
1979	720
1980	1035
1981	1398
1982	1266
1983	1246
1984	1369
1985	1393
1986	1410
1987	1407
1988	1863

Quelle: CAPMAS: Außenhandelsstatistik

Tabelle 17: Anteil der Weizenimporte an den Agrarexporten von 1973-1988

Jahr	W.importe Mio $	Agrarexporte Mio $	Weizen in % der Agrarexp.
1973	165	655	25
1974	670	927	72
1975	663	722	92
1976	486	650	75
1977	605	720	84
1978	711	540	132
1979	720	463	156
1980	1035	530	195
1981	1398	587	238
1982	1266	624	203
1983	1246	661	186
1984	1369	703	195
1985	1393	618	225
1986	1410	637	221
1987	1407	883	159
1988	1863	966	193

Quellen:
CAPMAS Außenhandelsstatistik;
Statistisches Bundesamt: Länderbericht, Äypten;
eigene Berechnung

Tabelle 18: Anteil der Weizenimporte an den Güterexporten von 1970-1988

Jahr	in %
1970	9
1971	20
1972	14
1973	15
1974	44
1975	47
1976	32
1977	35
1978	41
1979	39
1980	34
1981	43
1982	41
1983	39
1984	44
1985	38
1986	48
1987	35
1988	41

Quelle: Eigene Berechnung nach Tabelle 4 und 16

Tabelle 19: Entwicklung der Handelsbilanz von 1970-1989 in E£

Jahr	Importe	Exporte	Überschuß/Defizit
1970	687	762	+ 75
1971	920	789	- 131
1972	898	825	- 73
1973	914	1117	+ 203
1974	2351	1516	- 835
1975	3934	1402	- 2532
1976	3862	1529	- 2333
1977	4815	1708	- 3107
1978	6727	1737	- 4990
1979	3887	1840	- 2047
1980	4860	3046	- 1814
1981	8839	3233	- 5606
1982	7755	3120	- 4635
1983	10274	3215	- 7059
1984	10766	3140	- 7626
1985	9962	3714	- 6248
1986	11502	2934	- 8568
1987	8453	4040	- 4413
1988	10791	4499	- 6292
1989	7434	2565	- 4869

Quelle: Statistisches Bundesamt, Länderbericht Ägypten

Tabelle 20: Anteil der Weizenhilfe an Ägypten im Vergleich zur gesamten
Weltweizenhilfe von 1970-1989

Jahr	Weizenhilfe an Ägypten in tds. t	Weltweizen- hilfe insgs. in tsd. t	ägyptischer Anteil in %
70-71	253,7	9073,4	2,8
71-72	218,3	8542,4	2,6
72-73	254,9	6092,0	4,2
73-74	163,6	3385,8	4,8
74-75	606,3	6764,9	9,0
75-76	1085,0	5599,3	19,4
76-77	1927,1	7440,7	25,9
77-78	1666,6	6906,3	24,1
78-79	2049,5	7422,3	27,6
79-80	1728,3	6348,9	27,2
80-81	1942,2	5734,2	33,9
81-82	1812,2	6820,4	26,7
82-83	1775,7	6824,4	26,0
83-84	1944,5	7432,8	26,2
84-85	1785,4	9122,2	19,6
85-86	1962,3	7959,9	24,7
86-87	1944,5	10171,0	19,1
87-88	1631,8	10707,9	15,2
88-89	1417,6	7367,4	19,2

Quelle: FAO: Food Aid in Figures (verschiedene Jahre)

Tabelle 21: Entwicklung der Preis/Kostenrelation pro Ardab für Weizen von 1955-1989

Jahr	Preis/Kosten
1955	0,94
1956	0,98
1957	0,93
1958	0,95
1959	0,92
1960	0,96
1961	0,96
1962	1,01
1963	1,00
1964	1,10
1965	0,90
1966	0,95
1967	0,80
1968	0,86
1969	0,85
1970	1,13
1971	1,13
1972	1,12
1973	1,33
1974	1,36
1975	1,27
1976	1,02
1977	1,01
1978	1,08
1979	0,79
1980	0,85
1981	0,84
1982	0,68
1983	0,73
1984	0,72
1985	0,93
1986	1,10
1987	1,26
1988	1,24
1989	2,23

Quelle: eigene Berechnung aus Landwirtschaftsministerium, Abteilung für Agrarstatistik, Kairo

Tabelle 22: Entwicklung der Weizenfläche von 1952-1989 in Feddan und v.H. der gesamten Anbaufläche

Jahr	in 1000 Feddan	in % der Anbaufläche
1952	1402	15,1
1953	1790	-
1954	1795	-
1955	1523	-
1956	1570	-
1957	1514	14,7
1958	1425	-
1959	1475	-
1960	1456	14,0
1961	1384	13,9
1962	1455	14,0
1963	1345	13,0
1964	1295	12,5
1965	1144	11,0
1966	1291	12,3
1967	1245	11,9
1968	1413	13,2
1969	1246	11,6
1970	1304,4	12,1
1971	1349,0	12,6
1972	1239,3	11,4
1973	1247,6	11,4
1974	1369,9	12,4
1975	1393,9	12,5
1976	1395,6	12,5
1977	1207,1	10,9
1978	1380,6	12,4
1979	1391,3	12,4
1980	1326,2	11,9
1981	1399,6	12,5
1982	1373,6	12,3
1983	1320,0	11,9
1984	1178,4	10,7
1985	1185,9	10,6
1986	1206,3	10,7
1987	1373,0	12,0
1988	1422,0	12,4
1989	1533,0	13,0

Quelle: Weizenfläche in Feddan: Zentrale Stelle für Agrarökonomie des Landwirtschaftsministeriums, Kairo;
Weizenfläche in %: eigene Berechnung aus CAPMAS, stat. Jahrbuch

Tabelle 23: Entwicklung der Nahrungsproduktion in 1000 GE von 1970-1987

Nahrungsproduktion								
Jahre	Weizen*10,7	Mais*11	Reis*9,2	Bohnen*8,6	Linsen*12	Pfl-Öl*28	Zucker*19,5	Gemüse*5,7	Obst*8,6
1970	16221	26323	23966	2382	396	3920	9653	27651	12384
1971	18500	25762	32513	2202	600	3388	12344	28802	13227
1972	17291	26587	23064	2245	648	4144	11564	30318	14379
1973	19656	27577	20921	2348	744	3752	11505	31760	15635
1974	20159	29040	20626	2012	612	4256	11798	33203	16959
1975	21753	30591	22384	2012	468	4508	10725	36440	17785
1976	20972	33517	21160	2184	456	4368	13026	38629	17295
1977	18158	29964	20902	2322	288	4816	11973	31829	16357
1978	20683	34287	21629	1987	192	4956	12266	35369	17922
1979	19859	32318	23101	2030	108	4984	12324	38515	29008
1980	19217	35541	21933	1832	84	5600	11973	32348	19625
1981	20737	36388	20571	1789	60	5908	12071	38931	18688
1982	21582	36817	20617	2236	72	5740	12324	39792	24613
1983	21357	38599	22466	2537	96	7336	12324	40766	24794
1984	19421	40678	20571	2331	120	5488	12558	41735	24966
1985	20030	40546	21261	2597	156	5600	14898	47606	25379
1986	20640	30888	22494	2425	168	5628	15074	54321	28217
1987	29125	39809	22135	2778	216	4648	17258	56795	31536
1988	30377	44968	19614	3113	180	4284	17745	51722	30831
1989	33684	41228	24628	3182	168	3976	17511	48131	35492

Tabelle 23: Fortsetzung

Jahre	Fleisch*97	Geflügel*44	Milch*8,6	Fisch*60	Getreide	Hülsenfr.	Prod. ges.	Bevölkerung	Produktion/Kopf
1970	24929	3300	13786	5400	66510	2778	170310	33053	5,49
1971	25802	3476	14199	4620	76775	2802	185434	33807	5,18
1972	26093	3608	14517	4680	66943	2893	179138	34578	5,18
1973	26287	3520	14801	4800	68154	3092	183305	35366	5,25
1974	27063	3696	15136	5280	69825	2624	189840	36172	5,35
1975	26675	3432	15377	5760	74728	2480	197910	36997	5,34
1976	26578	3608	15652	6420	75649	2640	203865	38198	4,90
1977	26869	4488	15884	6300	69024	2610	190151	38794	4,90
1978	27354	5940	16125	6000	76599	2179	204709	39767	5,39
1979	27548	6116	16357	8220	75278	2138	220488	40889	4,95
1980	28518	6644	16873	8400	76691	1916	208588	42126	5,04
1981	30652	7348	17398	8520	77696	1849	219060	43465	5,13
1982	32398	7744	17011	8400	79016	2308	229346	44673	5,16
1983	32398	7744	18266	8220	82423	2633	236904	45915	5,02
1984	34241	8140	18421	8280	80670	2451	236950	47191	5,30
1985	37054	9020	19823	8340	81838	2753	252311	47578	5,29
1986	38800	8624	20133	11280	74022	2593	258691	48890	5,80
1987	42292	9812	20666	14160	91070	2994	291230	50223	5,63
	39964	10164	21500	15900	94960	3293	290363	51553	5,63
	40740	9988	21276	15000	99540	3350	295004	52853	5,58

Quelle:
a) eigene Berechnung aus Daten für Produktionsmengen in t, Landwirtschaftsministerium, Abteilung für Agrarstatistik
b) Getreideeinheiten der verschiedenen Produkte aus Bundesministerium für Ernährung, Landwirtschaft und Forsten, Stat. Jahrbuch über Ernährung, Landwirtschaft und Forsten, 1991:130 ff.

Tabelle 24: Entwicklung des Nahrungsverbrauchs in 1000 GE von 1970-1987

Nahrungsverbrauch								
Jahre	Weizen*10,7	Reis*9,2	Mais*11	Getreide	Bohnen*8,6	Linsen*12	Summe Hülsenfrüchte	Zucker*19,5	Pfl-Öl*2?
1970	29425	9550	31999	70974	2391	480	2871	10023	4928
1971	44277	10424	33473	88173	2442	732	3174	10277	5516
1972	35331	10782	30811	76925	3096	876	3972	9770	6160
1973	51317	12264	32285	95866	2339	888	3227	11856	6888
1974	57513	12346	36212	106071	2399	912	3311	12422	7700
1975	62306	12420	45177	119903	3337	1104	4441	13572	8596
1976	50654	12549	48323	111526	2434	1104	3538	14606	9604
1977	64628	11675	43956	120259	2503	792	3295	15620	10752
1978	74804	12254	49863	136921	2219	816	3035	17375	12012
1979	76869	13239	44528	134636	2253	840	3093	19461	14840
1980	78656	14150	50974	143779	2064	912	2976	21684	15064
1981	81855	13432	55935	151222	2313	996	3309	23225	15316
1982	83321	13156	57497	153974	2726	960	3686	24570	15568
1983	90693	14067	49698	154458	2485	936	3421	27047	15820
1984	87815	13938	64889	166642	2270	684	2954	26130	16072
1985	85728	12659	66363	164751	2322	636	2958	27300	16324
1986	87569	14094	65626	167289	2623	504	3127	29679	16576
1987	89409	15530	64878	169817	2924	360	3284	32078	16772

Tabelle 24: Fortsetzung

Jahre	Gemüse*5,	Obst*8,6	Fleisch*9	Geflügel*44	Milch*8,	Fisch*60	Summe tier.Prod.	Summe Getreide	Summe Hülsenfr	Summe Verbrauch	Bevölke	pro Kopf Verbrauch
1970	27651	12384	30555	4224	14362	5820	54961	70974	2871	183791	33053	5,56
1971	28802	13227	31525	4268	14525	6120	56438	88173	3174	205607	33807	6,08
1972	30318	14379	32495	4312	14680	6360	57847	76925	3972	199371	34578	5,77
1973	31760	15635	34532	4576	14878	6540	60526	95866	3227	225758	35366	6,38
1974	33203	16959	37345	4884	15781	7680	65690	106071	3311	245356	36172	6,78
1975	36440	17785	36860	5104	16323	9840	68127	119903	4441	268864	36997	7,27
1976	38629	17295	36278	5060	21225	11040	73603	111526	3538	268799	38198	7,04
1977	31829	16357	39382	5632	19711	11340	76065	120259	3295	274176	38794	7,07
1978	35369	17922	45396	5456	23358	11580	85790	136921	3035	308423	39767	7,76
1979	38515	29008	48985	6116	22523	10680	88304	134636	3093	327857	40889	8,02
1980	32348	19625	53059	8228	26497	17940	105724	143779	2976	341200	42126	8,10
1981	38931	18688	58200	9592	23805	20520	112117	151222	3309	362808	43465	8,35
1982	39792	24613	54417	8096	26548	19260	108321	153974	3686	370524	44673	8,29
1983	40766	24794	53835	10560	26445	18480	109320	154458	3421	375626	45915	8,18
1984	41735	24966	59752	11220	25000	19620	115592	166642	2954	394092	47191	8,35
1985	47606	25379	59267	11396	23143	18540	112346	164751	2958	396663	47578	8,34
1986	54321	28217	59267	11396	23143	18540	112346	167289	3127	411554	48890	8,42
1987	56795	31536	58782	11528	21285	17520	109115	169817	3284	419396	50223	8,35

Quelle:
a) eigene Berechnung aus Daten für Produktionsmengen in t, Landwirtschaftsministerium, Abteilung für Agrarstatistik
b) Getreideeinheiten der verschiedenen Produkte aus Bundesministerium für Ernährung, Landwirtschaft und Forsten, Stat. Jahrbuch über Ernährung, Landwirtschaft und Forsten, 1991:130 ff Bundesministerium

Tabelle 25: Entwicklung der Nahrungslücke in 1000 GE von 1970-1987

Jahre	Lücke
1970	13481
1971	20173
1972	20233
1973	42453
1974	55516
1975	70954
1976	64934
1977	84025
1978	103714
1979	107369
1980	132612
1981	143748
1982	141178
1983	138722
1984	157142
1985	144352
1986	152863
1987	128166

Quelle: eigene Berechnungen aus Tabellen 23 und 24

Tabelle 26: Aufbau des Programmierungsmodells

		RHS	X1	X2	X3	X4	X5	X6	X7	X8	X9	X10	X11	X12	X13
ZIEL	max	.	3387.00	880.00	550.00	296.00	982.00	652.00	398.00	1003.00	673.00	419.00	653.00	323.00	69.25
Flaeche	le	4871000	1	1	1	1	1	1	1	1	1	1	1	1	1
Baumwol	le	2038000	1	.	.	.	.	.	.	.	.	.	.	.	.
Klee	le	2038000	.	1	.	.	.	.	.	.	.	.	.	.	.
Weizen	le	2038000	.	.	1	1	.	.	.	.	.	.	.	.	.
Bohnen	le	422000	.	.	.	.	1	.	.	.	.	.	.	.	.
Gerste	le	118000	.	.	.	.	.	1	1	.	.	.	.	.	.
Reis	le	2038000	.	.	.	.	.	.	.	1	.	.	.	.	.
Mais	le	2038000	.	.	.	.	.	.	.	.	1	1	.	.	.
Sorghum	le	444000	.	.	.	1	.	.	.	.	.	.	1	.	.
Baumwol	ge	80000	1	.	.	.	.	.	.	.	.	.	.	-1	-1
Wasser	le	30510800	6.856	16.164	8.627	8.627	13.73	6.193	6.193	13.19	5.653	5.653	13.55	6.013	6.013
N-Restr.	eq	1533000	.	.	.	.	1	1	1	.	.	.	.	.	.

Quelle: eigene Berechnungen aus Tabellen 23 und 24

Tabelle 27: Ergebnisse des Programmierungsmodells

I) OPTIMIERUNG OHNE ZUSAETZL. WEIZEN-RESTRIKTION

TERMINATED SUCCESSFULLY

OBJECTIVE VALUE   8.536.790.561

L I N E A R   P R O G R A M M I N G   P R O C E D U R E

VARIABLE SUMMARY

COL	VARIABLE NAME	STATUS	TYPE	PRICE	ACTIVITY	REDUCED COST
1	X1	BASIC	NON-NEG	3387	2038000	0
2	X2		NON-NEG	880	0	-276.085
3	X3		NON-NEG	550	0	-276.085
4	X4		NON-NEG	296	0	-321.022
5	X5	ALTER	NON-NEG	982	0	0
6	X6	BASIC	NON-NEG	652	1917880	0
7	X7		NON-NEG	398	0	-44.937072
8	X8	BASIC	NON-NEG	1003	301880.4	0
9	X9	BASIC	NON-NEG	673	120119.6	0
10	X10		NON-NEG	419	0	-44.937072
11	X11		NON-NEG	653	0	-316.126
12	X12		NON-NEG	323	0	-316.126
13	X13		NON-NEG	69.25	0	-360.813

L I N E A R   P R O G R A M M I N G   P R O C E D U R E

CONSTRAINT SUMMARY

	CONSTRAINT ROW ID	TYPE	S/S COL	RHS	ACTIVITY	DUAL ACTIVITY
1	Flaeche	LE	14	4871000	4377880	0
2	Baumwol	LE	15	2038000	2038000	2896.644
3	Klee	LE	16	2038000	0	0
4	Weizen	LE	17	2038000	1917880	0
5	Bohnen	LE	18	422000	422000	59.621996
6	Gerste	LE	19	118000	0	0
7	Reis	LE	20	2038000	301880.4	0
8	Mais	LE	21	2038000	2038000	209.063
9	Sorghum	LE	22	444000	0	0
10	Baumwol	GE	23	80000.000	2038000	0
11	Wasser	LE	24	30510800	30510800	71.522214
12	ZIEL	OBJECTIVE		8536790561	8536790561	0

Tabelle 28: Modellergebnisse bei Variation der Weizenanbaufläche (a-f)

- a -

VIII) WEIZEN EQUAL 1 533 000 FEDDAN

LINEAR PROGRAMMING PROCEDURE
TERMINATED SUCCESSFULLY
OBJECTIVE VALUE   8446531581
LINEAR PROGRAMMING PROCEDURE
VARIABLE SUMMARY

COL	VARIABLE NAME	STATUS	TYPE	PRICE	ACTIVITY	REDUCED COST
1	X1	BASIC	NON-NEG	3387	2038000	0
2	X2	BASIC	NON-NEG	880	243924.5	0
3	X3	BASIC	NON-NEG	550	83000.000	0
4	X4		NON-NEG	296	0	-173.671
5	X5	ALTER	NON-NEG	982	0	0
6	X6	BASIC	NON-NEG	652	1533000	0
7	X7		NON-NEG	398	0	-173.671
8	X8	ALTER	NON-NEG	1003	0	0
9	X9	BASIC	NON-NEG	673	422000	0
10	X10		NON-NEG	419	0	-173.671
11	X11		NON-NEG	653	0	-84.688691
12	X12		NON-NEG	323	0	-84.688691
13	X13		NON-NEG	69.25	0	-258.110

LINEAR PROGRAMMING PROCEDURE
CONSTRAINT SUMMARY

CONSTRAINT ROW ID	TYPE	S/S COL	RHS	ACTIVITY	DUAL ACTIVITY
1 Flaeche	LE	14	4871000	4319925	0
2 Baumwol	LE	15	2038000	2038000	3013.746
3 Klee	LE	16	2038000	326924.5	0
4 Weizen	LE	17	2038000	1533000	0
5 Bohnen	LE	18	422000	422000	284.910
6 Gerste	LE	19	118000	0	0
7 Reis	LE	20	2038000	243924.5	0
8 Mais	LE	21	2038000	2038000	80.329126
9 Sorghum	LE	22	444000	0	0
10 Baumwol	GE	23	80000.000	2038000	0
11 Wasser	LE	24	30510800	30510800	54.441970
12 W-Restr.	EQ		1533000	1533000	234.512

Tabelle 28: Fortsetzung

- b -

V) WEIZEN EQUAL 1.600.000 FEDDAN

TERMINATED SUCCESSFULLY

OBJECTIVE VALUE   8.462.243.868

L I N E A R   P R O G R A M M I N G   P R O C E D U R E

VARIABLE SUMMARY

COL.	VARIABLE NAME	STATUS	TYPE	PRICE	ACTIVITY	REDUCED COST
1	X1	BASIC	NON-NEG	3387	2038000	0
2	X2	BASIC	NON-NEG	880	254013.5	0
3	X3	BASIC	NON-NEG	550	16000.000	0
4	X4		NON-NEG	296	0	-173.671
5	X5	ALTER	NON-NEG	982	0	0
6	X6	BASIC	NON-NEG	652	1600000	0
7	X7		NON-NEG	398	0	-173.671
8	X8	ALTER	NON-NEG	1003	0	0
9	X9	BASIC	NON-NEG	673	422000	0
10	X10		NON-NEG	419	0	-173.671
11	X11		NON-NEG	653	0	-84.688691
12	X12		NON-NEG	323	0	-84.688691
13	X13		NON-NEG	69.25	0	-258.110

L I N E A R   P R O G R A M M I N G   P R O C E D U R E

CONSTRAINT SUMMARY

CONSTRAINT ROW ID	TYPE	S/S COL	RHS	ACTIVITY	DUAL ACTIVITY
1 Flaeche	LE	14	4871000	4330013	0
2 Baumwol	LE	15	2038000	2038000	3013.746
3 Klee	LE	16	2038000	270013.5	0

Tabelle 28: Fortsetzung

- c -

IV) WEIZEN EQUAL 1.700.000 FEDDAN

TERMINATED SUCCESSFULLY

OBJECTIVE VALUE   8.485.695.044

L I N E A R   P R O G R A M M I N G   P R O C E D U R E

VARIABLE SUMMARY

COL	VARIABLE NAME	STATUS	TYPE	PRICE	ACTIVITY	REDUCED COST
1	X1	BASIC	NON-NEG	3387	2038000	0
2	X2	BASIC	NON-NEG	880	185071.6	0
3	X3	ALTER	NON-NEG	550	0	0
4	X4		NON-NEG	296	0	-173.671
5	X5	BASIC	NON-NEG	982	84000.000	0
6	X6	BASIC	NON-NEG	652	1616000	0
7	X7		NON-NEG	398	0	-173.671
8	X8	ALTER	NON-NEG	1003	0	0
9	X9	BASIC	NON-NEG	673	422000	0
10	X10		NON-NEG	419	0	-173.671
11	X11		NON-NEG	653	0	-84.688691
12	X12		NON-NEG	323	0	-84.688691
13	X13		NON-NEG	69.25	0	-258.110

L I N E A R   P R O G R A M M I N G   P R O C E D U R E

CONSTRAINT SUMMARY

ROW	CONSTRAINT ID	TYPE	S/S COL	RHS	ACTIVITY	DUAL ACTIVITY
1	Flaeche	LE	14	4871000	4345072	0
2	Baumwol	LE	15	2038000	2038000	3013.746
3	Klee	LE	16	2038000	185071.6	0
4	Weizen	LE	17	2038000	1700000	0
5	Bohnen	LE	18	422000	422000	284.910
6	Gerste	LE	19	118000	0	0

Tabelle 28: Fortsetzung

- d -

III) WEIZEN EQUAL 1.800.000 FEDDAN

TERMINATED SUCCESSFULLY

OBJECTIVE VALUE   8.509.146.219

L I N E A R   P R O G R A M M I N G   P R O C E D U R E

VARIABLE SUMMARY

COL	VARIABLE NAME	STATUS	TYPE	PRICE	ACTIVITY	REDUCED COST
1	X1	BASIC	NON-NEG	3387	2038000	0
2	X2	BASIC	NON-NEG	880	100129.8	0
3	X3	ALTER	NON-NEG	550	0	0
4	X4		NON-NEG	296	0	-173.671
5	X5	BASIC	NON-NEG	982	184000	0
6	X6	BASIC	NON-NEG	652	1616000	0
7	X7		NON-NEG	398	0	-173.671
8	X8	ALTER	NON-NEG	1003	0	0
9	X9	BASIC	NON-NEG	673	422000	0
10	X10		NON-NEG	419	0	-173.671
11	X11		NON-NEG	653	0	-84.688691
12	X12		NON-NEG	323	0	-84.688691
13	X13		NON-NEG	69.25	0	-258.110

L I N E A R   P R O G R A M M I N G   P R O C E D U R E

CONSTRAINT SUMMARY

CONSTRAINT ROW ID	TYPE	S/S COL	RHS	ACTIVITY	DUAL ACTIVITY
1 Flaeche	LE	14	4871000	4360130	0
2 Baumwol	LE	15	2038000	2038000	3013.746
3 Klee	LE	16	2038000	100129.8	0
4 Weizen	LE	17	2038000	1800000	0
5 Bohnen	LE	18	422000	422000	284.910
6 Gerste	LE	19	118000	0	0
7 Reis	LE	20	2038000	284129.8	0
8 Mais	LE	21	2038000	2038000	80.329126

Tabelle 28: Fortsetzung

e

II) WEIZEN EQUAL 2.038.000 FEDDAN

TERMINATED SUCCESSFULLY

OBJECTIVE VALUE   8.529.335.587

L I N E A R   P R O G R A M M I N G   P R O C E D U R E

VARIABLE SUMMARY

COL	VARIABLE NAME	STATUS	TYPE	PRICE	ACTIVITY	REDUCED COST
1	X1	BASIC	NON-NEG	3387	2038000	0
2	X2		NON-NEG	880	0	-349.150
3	X3		NON-NEG	550	0	-349.150
4	X4		NON-NEG	296	0	-360.018
5	X5	BASIC	NON-NEG	982	296962.7	0
6	X6	BASIC	NON-NEG	652	1741037	0
7	X7		NON-NEG	398	0	-10.868006
8	X8	ALTER	NON-NEG	1003	0	0
9	X9	BASIC	NON-NEG	673	296962.7	0
10	X10		NON-NEG	419	0	-10.868006
11	X11		NON-NEG	653	0	-377.375
12	X12		NON-NEG	323	0	-377.375
13	X13		NON-NEG	69.25	0	-387.993

L I N E A R   P R O G R A M M I N G   P R O C E D U R E

CONSTRAINT SUMMARY

ROW	CONSTRAINT ID	TYPE	S/S COL	RHS	ACTIVITY	DUAL ACTIVITY
1	Flaeche	LE	14	4871000	4372963	0
2	Baumwol	LE	15	2038000	2038000	2865.653
3	Klee	LE	16	2038000	0	0
4	Weizen	LE	17	2038000	2038000	0
5	Bohnen	LE	18	422000	296962.7	0
6	Gerste	LE	19	118000	0	0
7	Reis	LE	20	2038000	296962.7	0
8	Mais	LE	21	2038000	2038000	243.132
9	Sorghum	LE	22	444000	0	0
10	Baumwol	GE	23	80000.000	2038000	0
11	Wasser	LE	24	30510800	30510800	76.042456
12	W-Restr.	EQ		2038000	2038000	-62.062926

Sozialökonomische Schriften zur Ruralen Entwicklung
Socioeconomic Studies on Rural Development
Arbeiten aus dem Institut für Rurale Entwicklung der Georg-August-Universität, Göttingen

in der Reihe u. a. erschienen:

Dietmar Herbon: Individuelle Lebenschancen und agrargesellschaftliche Dynamiken: Bangladesh. Eine system- und individualstrategisch orientierte Untersuchung zu individuellen Handlungsräumen und zur Folgebedingtheit agrargesellschaftlicher Dynamiken
432 S., 86,- DM, 3-89399-145-X, Bd. 93

Klaus Bader-Labarre: Kleintierhaltung auf Bioko, Äquatorialguinea
Bedeutung, Struktur, Verbesserungsansätze
208 S., br., 42,- DM, ISBN 3-89399-142-5, Bd. 94

José Diaz Osorio: Agrarreform in Chile. Theoretische und gesellschaftspolitische Grundlagen der lateinamerikanischen Agrarreformbewegung und ihre Umsetzung
282 S., br., 56,- DM, ISBN 3-89399-165-4, Bd. 95

Jürgen Bergmann: Christentum und sozioökonomische Entwicklung. Eine empirische Untersuchung im ruralen Kenia
328 S., br., 62,- DM, ISBN 3-89399-172-7, Bd. 96

Christa Räder: Haushaltsökonomie im ländlichen Bangladesh. Suche nach Existenzsicherung zwischen Haus, Feld und Markt
494 S., br., 88,- DM, ISBN 3-89399-151-4, Bd. 97

Christa Räder: Lebensverhältnisse im ländlichen Bangladesh. Fallstudien
436 S., br., 82,- DM, ISBN 3-89399-152-2, Bd. 98

Christa Räder: Private Haushalte. Definitionen, Theorien, Entwicklung eines Analysekonzeptes
170 S., br., 32,- DM, ISBN 3-89399-171-9, Bd. 99

Ufuk Yüzüncü: Die türkische Landwirtschaft im Entwicklungsprozeß. Eine Analyse unter besonderer Berücksichtigung des Einflusses der Industrialisierung
396 S., br., 79,- DM, ISBN 3-89399-153-0, Bd. 100

Manfred van Eckert: Kleinbäuerliche Schweinehaltung in Simbabwe. Eine sozioökonomische Analyse von Tierhaltungssystem in den communalen Gebieten
240 S., br., 48,- DM, ISBN 3-89399-177-8, Bd. 101

Bitte fordern Sie unsere Reihenübersicht an.

ALANO
edition herodot
D 5100 Aachen Kongreßstr 5